ポジショニング戦略［新版］

今も威力を発揮する革命的コンセプト

フィリップ・コトラー

私は、長年にわたって「マーケティング・プランの構築においては『4つのP』を核にせよ」と説いてきた。4つのPとは、プロダクト（製品）、プライス（価格）、プレイス（場所）、そしてプロモーション（宣伝）である。

だが数年前から、4つのPの前にいくつかのステップがあることをつけ加えるようになった。まず、効果的なマーケティングには先の4つのPの前に必ず「R」、すなわちリサーチが行われねばならない。このリサーチによって、消費者のニーズや認知方法、嗜好などに大きな差があること、よって彼らを「S」、すなわちセグメント（分類）せねばならないこともわかってくる。また、企業はすべての消費者を相手にすることなど不可能であり、自社が得意とする顧客層を的確に選びとらねばならない。これが「T」、すなわちターゲティングである。

しかし、4つのPにとりかかる前に、何よりも重要なステップは、もうひとつの「P」、ポジショニングである。これこそ、アル・ライズとジャック・トラウトが、今や古典ともいうべき本書『ポジショニング戦略』で展開した革命的コンセプトである。

ポジショニングには、さまざまな方法がある。

たとえば、「商品特性」によるポジショニング。ボルボは、消費者の頭の中に「安全性」というポジションを築くことで大成功し、スウェーデンの中小企業から世界レベルの自動車メーカーに成長した。そしてついには高額でフォードに買収された。

「価格」によるポジショニングもある。ハーゲンダッツは、一貫して高価格のアイスクリームを売りつづけることで、消費者の頭の中に「高級アイスクリーム」というポジションを確立した。また、ウォルマートやサウスウェスト航空は、ハーゲンダッツが高級路線で実践したことを、低価格路線で展開した。

「販路」によるポジショニングもある。デパート販売用パンティストッキングの代表的ブランドであるヘインズは、スーパーマーケットに販路を広げる際に別ブランドを立ち上げた。「レッグス（L'eggs）」と名づけたその新ブランドは、名前にちなんだ卵（egg）のようなパッケージで販売され、見事「スーパー用ストッキング」というポジションを築いて大成功した。そしてついに、全米売上ナンバー1のストッキングブランドに上りつめた。

「広告宣伝」によるポジショニングもある。ピザ・チェーンのリトル・シーザーズは、「一枚の値段で二枚のピザを」というキャッチコピーでポジショニング戦略を展開した。「ピザ、ピザ」という連呼型コピーは、消費者の記憶に強烈に刻みこまれ、同社は一躍ピザの有名ブランドにのし上がった。

しかし、その後「一枚の値段で二枚のピザを」戦略をやめてしまい、売上は急落した。この事実は、ポジショニングの威力だけでなく、いったん失ったポジションを取り戻す難しさをも見せつけた。

ポジショニングというコンセプトは、マーケティング界に革命を起こし、この業界を活気にあふれた魅力あるものにしてくれた。

それだけではない。本書を読めば、この考え方が今もなお、「企業やブランドが市場で真の独自性を確立し、その地位を維持するための強力なツール」として威力を発揮していることがわかるだろう。

序　マーケティング界を一変させた「新ルール」

「失敗したのは、コミュニケーションが足りなかったからだ」

この決まり文句を何度耳にしたことだろう。ビジネスでも、政治でも、労働問題でも、結婚生活でも、何かことが起こると、誰もがこの言葉をすぐ口にする。

裏を返せば彼らは、「もし互いにコミュニケーションに時間を割き、腰を落ち着けて話し合いさえすれば、どんな問題でもきっと解決できる」と考えているわけだ。

だが、事実はそうではない。

私たちは今、人類史上初の情報社会に生きている。発信される情報もコミュニケーション手段も年々増える一方だ。しかし、それらはうまく機能していない。問題なのは、コミュニケーションに費やす時間でも量でもない。「どのように」コミュニケーションをとるか、なのである。

ポジショニングという新手法

本書のテーマである「ポジショニング」とは、これまでになかったコミュニケーション理論である。しかも、広告という最も難易度の高い世界を中心に扱っている。多くの場合、広告は望まれざるもの、好まれざる鬼っ子で、ときには徹底的に嫌悪される。「広告とは企業社会に魂を売ることであり、研究に値する課題ではない」と考えている知識人も少なくない。

しかし、そうした評価とは裏腹に、あるいはだからこそ、広告という分野はコミュニケーション理論の素晴らしい実験場になりうる。広告の世界でうまくいけば、政治や宗教など、大衆とのコミュニケーションが必要とされる他のどんな分野でもうまくいくということだ。

ポジショニングは、「広告の本質を変えるコンセプト」である。それ自体は極めてシンプルなコンセプトだが、その効力はすさまじい。これを理解してもらうのは容易ではないが、実際、成功した政治家は例外なくポジショニングを実行しているし、ビジネス界でも、P&Gやジョンソン&ジョンソンなど、ポジショニングで成功した企業は何社もある。

ポジショニングを定義する

ポジショニングとは、「情報があふれかえる現代社会で、人々にメッセージを届ける」という難題を解決する、最も有効な考え方である。

ビジネスにおけるポジショニングは、商品から始まる。商品とは、製品、サービス、企業、組織、あるいは一人の人間である。あなた自身の場合もある。

といっても、ポジショニングは、商品そのものに手を加えるわけではない。消費者の頭の中に、商品を位置《ポジショニング》づけるのだ。名前や価格、パッケージを変えることはあるが、商品そのものには手を加えない。

ポジショニングはこうして生まれた

過去一〇年間の広告業界の動向をひとことで示すキーワード、それが「ポジショニング」である。

今、世界中の広告、営業、マーケティングに携わる人々の間で「ポジショニング」が流行語になっている。教師や政治家、編集者たちまでこの言葉を口にしている。

その端緒を開いたのは、一九七二年に私たちが業界誌「アドバタイジング・エイジ」に発表した論文「ポジショニングの時代」だった。この論文を発表して以来、私たちはこの理論について二一ヶ国で一〇〇〇回以上講演し、論文を抜き刷りした小冊子を一五万部以上配布してきた。

ポジショニング理論は、広告というゲームのルールを劇的に変えた。

「サンカは、アメリカで三番目に売れているコーヒーです」というCMがある。三番目？　これまでの広告手法なら、「第一位」「ベスト」「最高品質」といったことをアピールするはずだ。いったいどういうつもりなのか？

そう、古きよき広告の時代は終わり、キャッチコピーも変化したのだ。今は、最上級より比較級が使われる時代である。

「エイビスは、ナンバー2のレンタカー会社です。だからこそ、一層のサービス努力を重ねています」

「セブンアップ――コーラではありません」

広告会社がひしめくマディソン・アベニューでは、この手のコピーを「ポジショニング・スローガン」と呼んでいる。今、スローガンのつくり手である広告のプロたちは、貴重な時間と研究資金を、市場におけるポジション探しに費やしている。

さらに今、ポジショニング理論は広告業界を超えて広い関心を集めている。当然だ。人生というゲームで、ポジショニングは万人に有効なのだから。あるいはこう言ってもいい。もしこの法則を理解できず、活用もできなければ、ライバルが必ずやそれを有利に使ってくるだろう。

01 ポジショニングとは何か？

ポジショニングが、広告などのクリエイティブな業界でこれほど人気を集めているのはなぜか？

どの市場でも商品があふれかえり、マーケティングも百家争鳴となった今、かつて有効とされた戦略は、もはや通用しなくなった。そして、まわりくどいイメージ戦略に変わって、ポジショニングというコンセプトが台頭した。

この一〇年は、「リアリティ回帰」の時代だった。

「ミラーのライトビールには、あなたがビールに求めるものがすべて入っている。でも、カロリーは控えめ」

このコピーをどう評価するか。詩みたいに冗長だって？　確かに。芸術的な気どりも感じる。

だがこれは、ポジショニングの基本条件をはっきり押さえた直球勝負のコピーでもある。

何であれ、情報社会で成功するためには現実に即していなければならない。「現実＝リアリティ」とは、「消費者の頭の中に既にあるもの」だ。

ポジショニングの基本手法は、「消費者の頭の中に既にあるイメージを操作し、それを商品に結びつける」というものだ。誰の頭にもない新奇なイメージをつくりだすことではない。

情報社会を生き抜くために

ポジショニングの効果を疑問視する人々から最もよく聞かれる質問が「なぜ今、広告やマーケティングに新たな手法が必要なのか？」である。

ポジショニングが必要な理由、それは私たちの社会が情報社会になったからだ。

現在、アメリカの広告消費量は、国民一人あたり年間三七六・六二ドルにのぼっている（アメリカ以外の国々の平均は一六・八七ドル）。年間一〇〇万ドルを広告費に投じても、消費者に届くのは一人一日あたり〇・五セント以下の広告。しかも消費者は、残りの三六四日間で三七六・六一五ドル分の他の広告を浴びせられていることになる。

情報社会では、「インパクト」こそが大切だと考えられがちだが、本当に求められているのは、ハンマーでたたきこむタイプの広告ではない。情報社会というジャングルで頭角を現したいなら、ターゲットを絞りこみ、細分化することだ。つまりは、ポジショニングせよ、ということだ。

人は、とてつもない量の情報が押し寄せると、本能的にそれらの情報を払いのけ拒絶する。一般に、頭脳は、過去に得た知識や経験に合致するものしか受けつけない。

それなのに広告の世界では、人の心を変えさせようと何百万ドルもの大金を無駄づかいしている。いったん何かを決めた人の心を変えさせるのは容易ではない。ましてや広告のような限られた力では到底無理である。「あれやこれや並べ立てて混乱させないでくださいよ。私の心はもう決まってるんですから」。これが、たいていの人の本音なのだ。

普通の人は、自分が知らないことについては素直に話を聞く。ニュース的手法をとった広告が有効なのはそのためだ。しかし、「あなたの知っていることは間違っている」と言われると、拒否反応を示す。だから、消費者を心変わりさせようとする広告は大失敗する運命にある。

水のしたたるスポンジ状態

情報社会から身を守るには、頭脳を単純化させるしかない。

一日は二四時間、これは動かしがたい自然の法則だ。人はこの限られた時間内でより多くの情報を得るために、インプットした情報を次々と捨てている。人々の頭の中は、既に水のしたたるスポンジ同然の状態だ。それなのに広告業界は、そのスポンジにさらに情報を注ぎこみ、メッセージが届かないと嘆いている。

広告は、コミュニケーションという氷山の一角にすぎない。私たちは、途方もないほど多様な方法でコミュニケーションをとっている。しかもその量は、幾何級数的に増加しつづけている。

技術面から見れば、コミュニケーション量は今後さらに最低でも一〇倍になるという。テレビは将来、衛星放送で一〇〇チャンネル観ることもできるようになるだろう。フィリップスは、データ容量六〇〇メガバイトの三・五インチコンパクトディスクを売り出した。ここには、ブリタニカ百科事典全巻がゆうに収まる。

素晴らしい。だが、人の頭の中のコンパクトディスクを開発してくれる人はいない。私たちの情報容量は既にいっぱいだ。

メッセージはシンプルに

情報社会でベストなコミュニケーション法、それは、メッセージを単純にすることだ。過ぎたるは及ばざるがごとし。研ぎすまされたメッセージでなければ、消費者の頭の中には食いこめない。長期にわたって何かを印象づけたいなら、あいまいさを捨て、シンプルでエッジの効いたメッセージを発信することだ。

たとえば、あなたがある立候補者の選挙参謀になったとしよう。本人とじかに打ち合わせをすれば、この政治家について、ものの五分で一般の人が五年かけても知り得ないほどの情報を得られるだろう。だが、有権者にはそれらの情報はほとんど届いていない。だとすれば、あなたがなすべき仕事は、一般的な意味でのコミュニケーション改善ではなく、「取捨選択」だ。その立候補者のメッセージやイメージのうち、最も有権者に響く情報を選び抜くのである。

人々にメッセージを届けるときに何より障害となるのが、コミュニケーションの量である。ここに問題の本質があると理解できれば、解決策も見えてくる。

立候補者でも、商品でも、あるいは自分自身でも、長所を人に伝えようと思ったら、ものごとを「反対から」見る習慣をつけること。解決策は、立候補者や商品やあなたの頭の中を探しても見つからない。有権者や消費者など相手の頭の中に求めるのだ。注目するのは、発信する側ではなく、受信する側。人々がメッセージを「どう」受け取るのかに集中するのである。立候補者や商品そのもののありようは関係ない。

下院議員とニューヨーク市長を務めた政治家、ジョン・リンゼイは、いみじくもこう言っている。「政治においては、人々が思うこと、それが現実なのだ」

これからの時代、「消費者は常に正しい」。極論すれば、「売り手や広告担当者は常に間違っている」のである。この前提条件に素直にうなずけないとしても、他に選択肢はない。

02 頭脳は集中砲火を浴びている

アメリカ社会は、あらゆるコミュニケーションに夢中になっているが、情報社会の弊害には気づいていない。

前述したように、コミュニケーションでは、「過ぎたるは及ばざるがごとし」である。情報が氾濫し、受信者の情報処理能力を超えるため、結局は発信されるメッセージのうち、ごくわずかしか頭の中に届かない。しかも、それが必ずしも最重要メッセージとはかぎらない。

「メッセージの渋滞」の実態

実際に、メッセージの渋滞がどれほどのものかを見てみよう。

広告を例にとろう。アメリカの人口は世界人口の六%だが、アメリカの広告は世界の広告の五七％を占めている（ちなみにエネルギーも、世界の三三パーセントというとんでもない量を消費している）。

本を例にとろう。アメリカでは毎年三万タイトルもの本が出版されている。これは、二四時間不眠不休で一七年間読書を続けても読み切れない量である。

新聞を例にとろう。アメリカでは毎年一〇〇万トン以上の新聞が印刷されている。一人あたり年間約四八キロである。「ニューヨーク・タイムズ」のような都市型新聞の日曜版は約二・三キロ、単語数は五万語あまり。アメリカ人の平均的な読書の速度、一分間に三〇〇語で読んで約二八時間かかる。日曜を丸一日つぶしたうえに、平日の余暇も割かなければ読み切れない計算だ。しかし実際に読まれている記事の量は……？

テレビを例にとろう。わずか三五年の歴史だが、このメディアの登場によってコミュニケーション量が飛躍的に増大したことは言うまでもない。アメリカの全世帯の九八％にテレビがあり、うち三分の一は二台以上。一般家庭の平均テレビ視聴時間は、一日あたり七時間である。

コピーを例にとろう。私たちの身のまわりは書類であふれかえっている。オフィスのコピー機は毎年一兆四〇〇〇億枚コピーしている。一営業日あたり五六億枚である。国防総省では、毎日三五万枚がコピーされ、資料として配布されている。これは、分厚い小説一〇〇〇冊分に相当する。

商品パッケージを例にとろう。トータルの朝食シリアル（四〇〇グラム入り）の箱には、一二六八語が印刷されている。おまけに、三二〇〇語にわたる栄養アドバイスの小冊子までついている。

人々の頭脳は、じつにさまざまな形で情報の集中砲火を浴びている。年間五〇〇もの法律がアメリカ議会を通過しているが、これはほんの序の口だ。監督官庁が公布する法令や規制の数は年間一万以上である。キリストの「主の祈り」は五六語、リンカーンの「ゲティスバーグ演説」は二六六語、「モーゼの十戒」は二九七語、「アメリカ独立宣言」は三〇〇語。これに対して政府によるキャベツの価格設定の規制文書は二万六九一一語である。

州レベルでも、毎年二五万以上の条例案のうち二万五〇〇〇が公布され、司法という名の迷宮に飲みこまれている。「そんな条例は知らなかった」という言い訳は通らないはずだが、州議会議員たちは今も、絶対に把握しきれない量の条例を承認しつづけている。万が一自州の条例をすべて把握していたとしても、他の五〇州の条例との違いまではわかるまい。

人々の頭脳のエンジンはオーバーヒートしている。そして、誰もがいらだっている。

ジョージ・ブッシュ、テッド・ケネディ、そしてシボレー

アメリカ人は、ジョージ・H・W・ブッシュ（ジョージ・W・ブッシュの父）についてどれほ

ど知っているだろうか？　多くの人が知っているのは、①ハンサムである、②テキサス州出身である、③アメリカ合衆国副大統領である、の三つだ。成人して以来、ほとんどの時間を公職に捧げてきた人物にしては、知られている情報が少ない。しかし彼は、来る一九八八年のアメリカ大統領選で勝つだろう。

実際、ブッシュのことを知らないという人はかなり多い。大衆誌「ピープル」のアンケートによれば、スーパーの買い物客の四四％が彼のことを「知らない」と答えている。既に四年も副大統領を務めているのに、である。

これとは対照的に、九三％の人が知っているのが「ミスタークリーン」。P&Gの家庭用クリーナーでおなじみのキャラクターである。彼がテレビCMから姿を消して一〇年ほど経つが、いまだにみんなが覚えている。これこそ、広告におけるシンプルメッセージの力である。

では、テッド・ケネディはどうか？　おそらく、ブッシュよりも多くのことを知られているだろう。だが、だからこそ、おそらく次期大統領にはなれない。情報社会では、情報量より長期にわたって認知される「ポジション」を築くほうがずっと重要なのだ。第一印象は、二度と変えられないから細心の注意が必要である。

次に列挙する名前を見てほしい。カマロ、キャバリエ、セレブリティ、シベット、サイテーション、コルベット、モンテ・カルロ――。すべて自動車の名前だが、これが全部シボレーブランドだと聞いたら驚くのではないだろうか？

シボレーは、世界で最も広く宣伝されているブランドのひとつだ。GMは近年、シボレーの全米での販促に一億七八〇〇万ドルを投入している。一日あたり四八万七〇〇〇ドル、一時間あたり二万ドルである。だが、消費者はシボレーについて何を知っているだろうか？　エンジン？　トランスミッション？　それともタイヤ？　あるいはシート？　内装？　ハンドル？

正直に答えてほしい。シボレーのモデルのうち、知っているのはいくつあるだろうか？　また、それらの違いを言えるだろうか？　おそらく、あいまいだろう。

「情報渋滞」にある消費者の頭の中に切りこんでいくには、ポジショニングしか道はない。

メディアの爆発的増大

こちらが伝えたいメッセージが伝わらないのには、もうひとつ理由がある。それは、メディアの数が増えすぎてしまったからだ。

テレビには、民放テレビ、ケーブルテレビ、有料テレビがある。ラジオには、AMとFMがある。屋外広告には、ポスターもあれば看板もある。新聞には、朝刊、夕刊、日刊、週刊、それに日曜版もある。雑誌には、大衆誌、ハイ・クラス誌、専門誌、ビジネス誌、それに業界誌もある。

今や、バス、トラック、路面電車、地下鉄、タクシーもメディアである。動くものには何でも広告がある。人間の体でさえ、アディダスやグッチ、ベネトンなどの歩く看板と化している。

第二次世界大戦直後、アメリカ国民一人あたりの広告費は年間約二五ドルだったが、現在は三七六ドル。約一五倍だ。これは、カナダ人の二倍、英国人の四倍、フランス人の五倍である。もちろんインフレの影響もあるが、それでもかなりの増加である。クライアントの財力には誰も疑問を抱くまいが、消費者の受け入れ能力については大いに疑念が湧くはずだ。人間の脳の体積は約一リットル弱、年間二五ドル分の広告ですら消化しきれないのが現実だ。

毎日、何千というメッセージが、消費者のハートを射止めようとしのぎを削っている。消費者の脳内は、間違いなく戦場と化している。直径一八センチの灰色の物質である脳を舞台に、広告戦争という情け容赦のない凄絶な戦争が進行しているのだ。

商品の爆発

伝えたいメッセージが伝わらない理由は他にもある。それは、商品の数が増えすぎてしまったからだ。

アメリカの平均的なスーパーマーケットには、約一万二〇〇〇種の商品が並んでいる。消費者の目は休まるときがない。ヨーロッパでは、今の数倍の商品を陳列できるスーパー・スーパーマーケット（ハイパーマーケットともいう）が誕生した。アメリカにも、ビッグズというハイパーマーケットがあるが、ここの品揃えは六万点だ。

食料品が入っている袋や箱に印刷されているUPC（統一商品コード）は一〇ケタだ。全国民二億人を識別する社会保険番号ですら九ケタなのに、である。

メーカーも激増している。トーマスレジスターの企業データベースには、製造業者が八万社登録されている。米国特許庁の登録商標のうち、現在使用中のものは五〇〇万で、さらに毎年二万五〇〇〇件が新規登録されている。もちろんこの他に、商標なしで販売される商品が何十万とある。

ニューヨーク証券取引所に上場している一五〇〇社は、主力商品だけでも毎年五〇〇〇種以上発売している。非主力商品は、これ以上あるはずだ。さらに約五〇〇万社の非上場企業が、何百万種という商品やサービスを発売している。

こうしたメディアや商品の爆発的増加に、人々はどう対処しているのか？　科学者たちによれば、人間の感覚能力には限界があり、ある量を超えると脳は無感覚になり機能を麻痺させてしまうという。歯科医はこの現象を利用して、麻酔代わりにすることがある。患者にイヤホンをつけ、大音量を流して痛みを感じなくさせるのだ。

広告の爆発

皮肉なことだが、広告効果が下がるのに反比例して、広告量は増えている。広告を出す人の数も増えている。教会、病院、政府までもが広告を出す時代になった。ここ数年、アメリカ政府は広告費に二億二八八五万七二〇〇ドルを計上している。

かつて、プロフェッショナルと呼ばれる人たちは、「広告など品位にもとる」と考えていた。しかし競争が激しくなった今、弁護士も会計士も建築家も、自らを広告しはじめた。クリーブランドに本拠を置くハイアット法律事務所は、年間四五〇万ドルをテレビCMに投じている。大手法律事務所のジャコビー&マイヤーズも広告に大金を投じている。

医者たちも、この動きに追随するだろう。理由は単純、世が「医療サービス過剰」だからだ。保健社会福祉省の予測によれば、一九九〇年には約七万人の医者があぶれる。この医者余りの時代に患者を集めるには広告を出すしかない。

しかし、今なお広告に反対するプロフェッショナルたちもいる。彼らは「広告が職業をいやしめる」と主張する。確かにそうだ。現代社会で効果的な広告を打つには、立派な台座から降りて、地べたに耳をつけねばならない。そして、我が耳を消費者の周波数に合わせねばならないのだ。

03 頭の中に忍びこむ

情報社会では、コミュニケーション以上に重要なものはない。コミュニケーションさえうまくいけば、すべてがうまくいく。逆に、コミュニケーションがまずければ、何をやっても成功しない。どんなに才能や野心にあふれていても、である。

この世の幸運のほとんどは、優れたコミュニケーションの延長線上にある。幸せになりたかったら、ふさわしい時に、ふさわしい相手に、ふさわしいことを伝えるしかない。

頭の中に入りこむ簡単な方法

消費者の頭の中に入りこむ簡単な方法は、一番乗りすることだ。一番乗り（早い者勝ち）の法則の有効性は、難なく証明できる。

世界で最初に北大西洋の単独飛行に成功したのはチャールズ・リンドバーグだが、二番目に単独飛行に成功したのは？　簡単には答えられない。

世界で最初に月面を歩いたのはニール・アームストロング。では、二番目に月面歩行した人は？

世界で一番高い山といえばヒマラヤのエベレスト。では、二番目に高い山は？

初体験の相手の名前は覚えているものだ。では、二番目の相手の名前は？

一番の人、一番の山、一番の会社……。何であれ、「一番目」は人の頭の中に確固たるポジションを築く。これを崩すのは恐ろしく困難だ。写真といえばコダック、ティッシュといえばクリネックス、コピーといえばゼロックス、レンタカーといえばハーツ、コーラといえばコカ・コーラ、電化製品といえばGEなのである。

「消費者の頭の中に、消えないメッセージを刻みこむ」ために最初に考えるべきことは、メッセージの内容ではない。消費者の頭の中の状態だ。まっさらな心、他のブランドに汚されていない未踏の心が望ましい。

ビジネスの法則と自然の法則との間には、共通性がある。

たとえば、動物学でいう「刷りこみ」。これは、生まれたばかりの動物が、最初に目の前を動くものを親として覚えこみ、一生それに愛着を示す現象である。ほんの数秒間で、子どもの脳に親の存在が消しがたく刷りこまれるというこの習性によって、アヒルはどんなに大きな群れであろうと必ず自分の母親を見分ける。また、犬や猫や人を最初に見たアヒルのヒナは、いくら外見が似ても似つかなくても、それを母親と思いこんでしまう。

「一目ぼれ」も、似たようなものだ。アヒルほどではないにしても、最初の思いこみが頭の中を支配する。このとき重要なのは、「受け入れ態勢があるかどうか」である。どちらかが別の誰かと熱愛中なら、恋は始まらない。

そして結婚という制度もまた、言ってみれば早い者勝ちである。

ビジネスでも、重要なのは、人の頭の中に「最初に」入っていくことである。

人は、配偶者に誠意を尽くすのと同じように、スーパーマーケットでもお気に入りのブランドに誠意を尽くして、それを購入する。まず一番乗りを果たすこと。そして、相手に心変わりのきっかけを与えないようにすることが肝心だ。

「お山の大将」でも大将のほうがいい

では、もし誰かが既にあなたの見込み客の頭の中に入っていたら？

二番手が頭の中に入りこむのは難しい。二番手には価値がないからだ。

人類史上最高の発行部数を誇る書物は？　もちろん聖書だ。では史上二番目の発行部数の書物は？　誰も知らなくて当然だ。

北大西洋単独飛行に史上二番目に成功した人物は、アメリア・アーハートではない。彼女は、女性で北大西洋単独飛行に成功した最初の飛行士だ。では、二番目に成功した女性は？

消費者の頭の中に最初に入りこめなければ、ポジショニング戦略は断然不利になる。これは、個人生活においても、政治においても、企業活動においても同じである。消費者の頭の中をめぐる戦いを制するのは、人々の心をつかんだ最初の人間、最初の商品である。

広告でも、最初に独自のポジショニングをした商品が、ダントツの優位性を手に入れる。ゼロックス、ポラロイド、バブル・ヤムなど、その例は枚挙にいとまがない。広告では、最高品質の商品を売り出すこと以上に、一番乗りであることが必勝の条件だ。

もちろん、二位、三位、あるいは二〇三位がとるべきポジショニング戦略も存在するが（後章参照）、一番乗りほど優位には立てない。たとえ「お山の大将」にすぎなくてもいい。鶏口となるも牛後となるなかれ。まずは小さな山の大将になり、それから山そのものを大きくしていけばいいのだ。

時代遅れの企業の言い分

潤沢な資金と優れた人材があれば、どんなマーケティングも成功すると考えられがちだが、それだけでは失敗する。デュポンのコーファム（同社が開発した新素材）も、ガブリンガーのビールも、ヴォートの歯磨きも、ハンディ・アンディ・クリーナーも失敗した。広告業界は、ようやくリンドバーグの教訓を学びつつある。

世界は変化しつづけている。広告業界もしかり。それでもまだ、失敗から学んでいない企業が多数ある。ドラッグストアやスーパーに行けば、棚の半分は、パッとしないブランドが並んでいる。こうした特徴のない商品のつくり手は、素晴らしい広告キャンペーンさえ展開できれば、これらの商品でも勝者の仲間入りを果たせると思っている。また、クーポンや割引、ポイントキャンペーンにも熱心だ。だが、こんなキャンペーンは利益を生まない。たとえ「素晴らしい」キャンペーン効果を生んだとしても、そのブランド自身が生まれ変わることはない。キャンペーンが引き寄せた客層を目のあたりにすれば、経営者は落胆するにちがいない。

現代の市場は混沌としている。もはや、これまでの広告手法では通用しない。それなのに、旧態依然とした手法がいまだにはびこり、守旧派は、「よい商品、まっとうな計画、そしてクリエイティブなCMが揃えば、うまくいかないはずはない」と言いつづけている。

彼らは重大な要素を見落としている。市場そのものだ。今日、市場でのノイズはあまりにも大きく、かつてのようなクライアント主導のメッセージは、もはや人々の頭の中に届かない。

商品の時代

一九五〇年代、広告は「商品の時代」だった。よりよい商品さえあれば、少々の宣伝費で十分、という古きよき時代である。広告人は、商品特性と消費者便益に集中するだけ。偉大な広告人ロッサー・リーブスが語ったように、「ユニークな商品」が見つかればよかったのだ。

だが五〇年代も後半になると、テクノロジーの進歩によって類似品がはびこり、ユニークな商品はなかなか生まれなくなった。個性のない品が市場になだれのように押し寄せると、商品の時代は終わりを告げた。「よりよい商品」を売り出しても、すぐに追随商品が登場し、「先行商品より質がよい」とうたった。

競争は厳しい。馬鹿正直ではやっていられない。当時、あるプロダクトマネジャーはこう言ったという。「じつは昨年、何もアピールすることがなかったから、苦しまぎれに『新・改良版』って箱に印刷しちゃったんだ。そうしたら今年、本当に改良版ができちゃったんだよ。まいったな、もうコピーが浮かばないよ」

イメージの時代

続いてやってきたのは、「イメージの時代」だった。成功した企業は、商品のいかなる特徴よりも、評判やイメージのほうが重要であることに気がついた。

この時代の広告の立役者は、デイヴィッド・オグルヴィ。彼は、ある有名なスピーチで「あらゆる広告は、ブランドイメージへの長期投資である」と語った。彼の理念の有効性は、シャツのハサウェイ、ロールスロイス、シュウェップスなどの広告戦略で証明された。

だが、類似品が商品の時代にとどめを刺したように、類似企業がイメージの時代にとどめを刺した。あらゆる企業がイメージの確立をめざした結果、ブランドイメージがあふれかえり、イメージ戦略で成功する企業は激減した。

ゼロックスやポラロイドのように、この時期成功した企業のほとんどは、素晴らしい商品を開発したから成功したのであり、素晴らしい広告戦略ゆえに成功したのではない。

ポジショニングの時代

そして、広告は新たな時代を迎えた。

クリエイティビティはもはや成功の鍵ではない。八〇年代以降の厳しい現実に、六〇年代や七〇年代のやり方は通用しなくなった。情報社会で成功するには、消費者の頭の中に確固たるポジションを築かねばならない。自社ブランドの長所や短所だけでなく、競合ブランドの長所や短所も計算に入れて。

ポジショニングの時代を迎えた今、何かを発明したり発見したりするだけでは不十分だ。いや、そんなことは必要ですらない。そうではなくて、消費者の頭の中に最初に入っていくことが不可欠なのだ。

コンピュータを最初に発明したのは、IBMではなくスペリーランドだ。だがIBMは、消費者の頭の中にコンピュータという商品のポジションを最初に獲得した。だから大成功した。

アメリゴ・ベスプッチが発見したこと

一五世紀のスペリーランドにあたるのが、クリストファー・コロンブスだ。小学生でも知っているように、アメリカ大陸の発見者コロンブスは、努力に見合う評価を得ていない。なぜか？　彼が、黄金を求めるあまり口をつぐむという間違いを犯したからだ。

だが、アメリゴ・ベスプッチは違った。彼は一五世紀のIBMだ。ベスプッチのアメリカ到達は、コロンブスに遅れること五年。その代わり、彼は二つのことを正しく実行した。

第一に、彼は「新世界」をアジアとはかけ離れた別の大陸であるとポジショニングし、当時の地理学に革命をもたらした。

第二に、自分の発見と主張を克明に記録した。航海中の書簡をまとめた『新世界』は、二五年間で四〇ヶ国に翻訳された。

ベスプッチは存命中に、スペイン王国からカスティリヤの市民権を与えられ、要職に就いた。

その結果、ヨーロッパ人は彼こそ新大陸の発見者と信じ、その名にちなんで新大陸を「アメリカ」と名づけたのだった。

クリストファー・コロンブスは、獄中死を遂げた。

ミケロブが発見したこと

今や天に召された昔日の偉大なるコピーライターたちが、もしも今日の広告キャンペーンを目にしたら、ショックでもう一度死んでしまうかもしれない。

たとえばビールの広告。かつてのコピーライターたちは、穴が開くほど商品を見つめながらコピーをひねり出した。そして生まれたのが、ピールスビールの「リアル・ドラフト」やバランタインの「コールド・ブリュー」といった商品特性にちなんだコピーだった。

ビールのコピーはいつの時代も、品質や風味など、消費者が思わず飲みたくなる特徴を描こうとしてきた。

「ホップ味のキスのよう」

「スカイブルーの水の国から来たビール」

しかし、広告における詩情は、詩作における詩情と同じく死滅した。

最近のビール広告キャンペーンで最も成功したのはミケロブだが、この広告は、とことん直接的であり、だからこそ効果があった。

「ファーストクラスといえば、ミケロブです」

このコピーで、ミケロブは国産ビールの最高級ブランドというポジションを確立し、高価格にもかかわらず、わずか数年で全米で最も売れるビールとなった。

じつはミケロブは、国産ビール初の最高級ブランドではない。だが、ビール好きの頭の中に「最高級ブランド」というポジションを最初に確立したのは、間違いなくミケロブだった。

ミラーが発見したこと

シュリッツのビールは、情緒的な古くさいコピーのせいでポジショニングに失敗した。

「偉大なるライトビールにあふれるうまさ」

近所のバーやレストランに集う人で、シュリッツがバドワイザーやパブストよりもライトなビールだと思っている人などいやしない。ビール好きにとって、こんなコピーはイタリアオペラの歌詞と同じくらい意味をなさなかった。

だが、ミラーは違った。「ビール市場で確固とした『ライトビール』のポジションを得られる商品を送り出せば成功する」と踏んで「ミラー・ライト」を発売したのだ。「ライト」は見事にライトビールの歴史をつくった。もちろん、雨後の竹の子のように類似品が現れた。皮肉なことに、シュリッツは「シュリッツ・ライト」を売り出した。

　今日では、詩情もクリエイティビティも、メッセージを伝えるうえではじゃまなだけだ。消費者の頭の中に届くのは、研ぎすまされた簡潔なメッセージだけである。

　たとえば輸入ビールのベックスは、かつてのコピーライターなら認めがたい、極めて明快なポジショニング戦略をとっている。

「アメリカで最も人気のあるドイツビールの味は既にご存じのはず。そろそろ、ドイツで最も人気のあるドイツビールを飲みませんか」

　このコピーで売上は年々増え、ベックスはレーベンブロイを出し抜いた。レーベンブロイは苦戦の末、ついにアメリカから撤退した。

04
「小さなはしご」を見逃すな

私たちの発するメッセージが直面している問題をさらに理解するために、あらゆるコミュニケーションの最終目的地である人の頭の中を、もっと詳細に見極めていこう。
コンピュータのメモリのように、頭の中にも残したい情報を収容する場所《ポジション》がある。人の頭脳とコンピュータは似ているが、大きな違いがある。コンピュータは入力したものを何でも受け入れるが、人の頭脳は処理できない新情報を拒否するという点だ。

人は見たいものしか見ない

ためしに、二枚の抽象画を用意しよう。そして一枚にシュワルツという名前を、もう一枚にピカソという名前を書き入れ、誰かに感想を聞いてみよう。きっと予想どおりの答えが返ってくるだろう。

あるいはまた、正反対の考えを持つ二人、たとえば民主党員と共和党員を呼んで、議論が分かれる問題について書かれた記事を読んでもらおう。そして、記事を読んで考えが変わったか尋ねてみよう。おそらく、民主党員も共和党員も、その記事から自分の考えを裏づける事実だけを読みとるだろう。二人の心は変わらない。人は見たいものしか見ないのだ。

では、カリフォルニアワインのギャロの中身を五〇年もののブルゴーニュの空ビンに移し、それを友人の目の前で丁寧にデカンタージュして、味を尋ねてみたらどうだろう? 人は自分の期待した味を味わうものだ。ブラインド・テストでは、カリフォルニアの手頃な発泡ワインがフランスのシャンパンを上まわる高得点を得ることがよくある。だがラベルが見えている状況では、そんな結果はまず出ない。

そもそも、こうでなくては広告が果たす役割などない。消費者が常に理性的だったりしたら、今日の広告は意味をなさないのだ。

あらゆる広告が目指す目標のひとつは、「期待をかきたてる」ことだ。「その商品やサービスは、あなたが期待する奇跡のような役割を果たしますよ」という幻想をつくりだす。しかも速やかに。それが広告だ。もし反対の期待を抱かせてしまったら、商品は売れない。ガブリンガーのビール広告は、「ダイエットビールなら、まずいにちがいない」という人々の「期待」を裏づける役割しか果たさなかった。結局、多くの人がこのビールを飲んで「美味しくない」と判断した。人は期待どおりの味を味わうものなのだ。

小さすぎる容れ物

しかし、頭脳は既成概念や経験にそぐわない情報をすべて拒否するわけではない。そもそも既成概念や経験を、それほど多く持ち合わせているわけでもない。

情報社会では、人の頭脳は「容れ物として小さすぎる」と言わざるを得ない。

ハーバード大学の心理学者、ジョージ・A・ミラー博士によれば、平均的な人間の脳が同時に処理できるのは七項目までだという。記憶すべき数字に七ケタが多いのはそのせいだ。電話番号が七ケタなのも、世界七不思議も、カードゲームのセブンカードスタットも、白雪姫と七人のこびとも、ゆえあっての「七」なのだ。

誰かに、ある分野の商品について思いつくブランド名を全部あげてもらおう。七つ以上答えられる人はめったにいない。関心の高い商品でもそうなのだから、関心の低い分野では、せいぜい一、二ブランドが関の山だ。

では「十戒」は、すべて思い出せるだろうか？　これが難しすぎるなら、ガンの危険を示す七つのサインは？　もしくは、黙示録に出てくる四人の騎手の名前は？

ある新聞調査によれば、アメリカ人一〇〇人のうち八〇人は、閣僚の名前を一人も覚えていなかった。私たちの記憶装置が、こうした質問にすら答えられないほど小さいのだとしたら、年々ウサギが繁殖するように増えつづけるブランド名をどうやって記憶していけるというのか。

三〇年前、アメリカの主要タバコメーカー六社が発売しているブランドは一七種だった。だが現在は一七五種以上。全ブランドを揃えた自動販売機をつくったら、横幅が一〇メートルにもなってしまう。

自動車、ビール、そしてレンズまで、あらゆる製造業に「モデル病」が蔓延している。自動車製造の町デトロイトでは、二九〇種類もの車が販売されている。キャラベル、カプリ、シマロン、カマロ、カレー、カトラス……。さて、シボレー・キャラベルだったか、それともプリマス・キャラベルだったか？　消費者は明らかに混乱している。

こうした複雑さに対処するため、人々はあらゆることを単純化するようになった。わが子の知的発育状況を聞かれて、語彙《ごい》力や読解力、数学力などをいちいちあげる人はいない。「今年で六年生になりました」というのが、まず普通の答えだろう。人や物やブランドをランクづけするのは、物事を整理するのに便利なだけでなく、複雑化する日常生活に圧倒されないためにも必要不可欠なのだ。

商品のはしご

商品の爆発的増加に対処するため、人々は商品やブランドを頭の中でランクづけするようになった。頭の中に、「小さなはしご」があるところを想像してほしい。はしご全体がある商品分野全体で、一段ごとにブランド名が書いてある。何段もあるはしごもあれば、二、三段しかないものもある。

多くの企業は、ライバルのポジションをまったく考慮せずにマーケティングや広告戦略を展開している。空に向かって広告し、メッセージの伝達に失敗しては失望しているのである。

既に上段のブランドが強力な足場を確立している場合、そのポジションを獲得するのはとてつもなく困難である。新たな商品分野を切り拓きたいなら、広告人は新しいはしごを持ってくるべきだ。

もちろん、それとて簡単ではない。新商品は、必ず既製品に対抗する形でポジショニングせねばならない。人は、既にあるものと関連づけられていないかぎり、新しいものを受け入れないからだ。たとえこれまでにない斬新な商品でも、その斬新さをあえてうたわないほうがよかったりする。

たとえば、初めて自動車が発売されたとき、それは「馬なし馬車」と呼ばれた。このネーミングのおかげで、大衆は既存の輸送機関に対抗するものとして自動車を認知した。ポジショニングに成功したのである。「場外」馬券、「無鉛」ガソリン、「無糖」ソーダといった言葉も、旧コンセプトに対抗する形でポジションを確立した例である。

「対抗」型ポジショニング

今日の市場では、自社のポジションと同じくらいライバルのポジションが重要である。ときにはライバルのポジションのほうが重要なことさえある。

ポジショニング時代初期の成功例に、かの有名なエイビスの広告戦略がある。これは、「対抗」型ポジショニングの古典的な例として、マーケティング史で語り継がれるだろう。

「エイビスはレンタカー界のナンバー2です。だからこそ、一層の努力を重ねています」

ナンバー2であることを受け入れ、市場トップのライバルに対抗するポジションを打ち出したこのコピーで、それまで一三年連続で赤字だったエイビスは、途端に利益が出はじめた。初年度は一二〇万ドル、二年目は二六〇万ドル、三年目は五〇〇万ドルと利益を伸ばし、ついにITTに高額で買収された。

エイビスが大きな利益を上げるようになったのは、ナンバー1のハーツのポジションを意識し、真っ向勝負をあえて避けたからだ。消費者の頭の中にある「レンタカー」という名のはしごには、一段ごとにブランド名が書かれている。最上段はハーツ、二段目はエイビス、そして三段目はナショナルだ。

マーケティングのプロの多くは、エイビスが「一層の努力を重ねた」から成功したと思っているが、事実はまったく違う。エイビスが成功したのは、業界トップのハーツに自社を関連づけたからだ。

広告業界は、こうした比較広告をすぐには受け入れなかった。「タイム」は当初「一層の努力を重ねています」というフレーズが、ハーツに対してあまりにも敵対的だとして掲載を拒否した。他の雑誌も「タイム」に従った。だが、その後「タイム」は見解を改め、オリジナル版の掲載を承諾した。

「対抗」型は、ポジショニング戦略の古典的手法である。もしあなたの会社が市場トップでないなら、ナンバー2に一番乗りすればよい。これも容易ではないが不可能ではない。レンタカーではエイビス、ファストフードではバーガー・キング、コーラではペプシが、この方法で成功している。

「〇〇ではない」型ポジション

古典的なポジショニング戦略には、「他社のはしごを一段ずつ上がっていく」という手法もある。これを実践した例が、セブンアップだ。

セブンアップは、消費者の頭の中に既に確立されているコーラに自社商品を関連づけた。「コーラではない飲み物」というポジショニングで「コーラに代わり得る飲み物」として認知されたのだ。人々の頭の中のコーラのはしごは、最上段がコカ・コーラ、二段目がペプシ、そして三段目がセブンアップになった。このアイデアは、コカ・コーラとペプシが消費者の頭の中に巨大なシェアを確立していたからこそ価値があった。なにしろ、全米で消費されるソフトドリンクの三分の二はコーラなのだ。

この手法の普遍的有効性を示すものに、マコーミック・コミュニケーションズの例もある。同社は、ロードアイランド州プロビデンスで聴取率不振にあえいでいたWLKWというラジオ局を買収し、ナンバー1のラジオ局に生まれ変わらせた。彼らの戦略テーマは「ロックを流さないラジオ局」だった。

このような独自ポジションを見つけるには、既成の論理を無視するのがコツだ。既成の論理は、「何らかのコンセプトを見つけるには、自分の内面や商品の内容をとことん見つめよ」と言うが、それは真実ではない。あなたが見つめるべきは、消費者の頭の中だ。

セブンアップをいくら眺めても「コーラではない」という発想は出てこない。コーラを飲む人々の頭の中をのぞいて初めて、この発想が出てくるのだ。

成功の理由を忘れるな

成功するポジショニング戦略には、何をおいても一貫性が不可欠だ。見事にポジショニング革命に成功した企業でも、「FWMTS」と呼ばれる罠にはまることがある。Forget what made them successful――、すなわち「成功の理由を忘れてしまう」という罠だ。

たとえばエイビスは、ITTに買収された途端、「もはやナンバー2に甘んじるべきではない」と決断し、「エイビスはナンバー1になります」という広告キャンペーンを打ち出したが、自社の野望をうたったこの広告は、心理的にも戦略的にも間違っている。以前の広告のように、業界トップのハーツの中に弱点を発見できないかぎり、エイビスはナンバー1になれない。また以前の広告では、消費者が敗者につい抱く同情をも利用していたのに対して、新しい広告は単なる従来型の自己満足広告にすぎない。

過去二〇年間、エイビスはさまざまな広告キャンペーンを展開した。しかし、エイビスと聞いて誰もがパッと思い浮かべるコピーはただひとつ、「エイビスはナンバー2です」だけである。それなのに同社はここ数年、消費者の頭の中に刻みこんだ唯一のコンセプトを無視しつづけた。いつの日か業界三位のナショナルに抜き去られたとき、ようやく「ナンバー2」というコンセプトの価値を思い知ることになるのだろう。

繰り返して言おう。あなたが成功したいなら、ライバルのポジションを無視してはいけない。

もちろん、自分のポジションを無視するなど言語道断だ。作家ジョーン・ディディオンの不朽の名句を忘れてはならない。

「あるがままの自分を演じよ」

05
そこからでは、目的地にたどり着けない

古い笑い話を紹介しよう。

旅人が農夫に、近くの町に行く道順を尋ねた。すると農夫が答えた。「そうだな、この道を一マイルくらいまっすぐ行って、二股を左に行くんだったかな。いやいや、それじゃダメだ……。ここから半マイルくらい逆戻りしていくと『止まれ』の標識があるから、そこを右に行くんだったかな……。いや、それもダメだ」。農夫はしばらく黙りこんでしまったが、旅人が困惑していると、ようやく口を開いた。「とにかく、ここからあの町へ行く道はない！」

これとまったく同じことが、多くの人々、政治家、そして商品にも起こっている。ふと気がつくと「目的地にたどり着けない」ポジションにはまっているのだ。

「なせばなる」の愚

我が国の「なせばなる」精神の典型といえば、ベトナム戦争である。この戦争の根底にあったのは、「十分努力すれば実現できないことはない」という発想だったが、どんなに努力しても、どれほど兵士を送っても、多額の予算を投じても、ベトナム問題は解決できなかった。

出発点を間違えれば、どんなに頑張っても目的は達成できない。このことを私たちはベトナム戦争で思い知らされたはずなのに、周囲には今も「なせばなる」精神が蔓延し、実現不可能な目的に向かって無駄な努力を重ねている。

たとえば、現在五五歳の副社長は、おそらく社長にはなれない。数年後、現社長が六五歳で退任するとき、役員会は四八歳の人物を後継者に指名するはずだから。この副社長は、社長になる時機を逸している。現社長より少なくとも一〇歳以上若くなければ、社長になる目はないのだ。

同様に、消費者の心をつかむ競争でも、時機を逸してしまう商品がある。品質も営業力も広告キャンペーンも優れているのに、惨敗を喫することがあるのは、「目的地にたどり着けない」ポジションにはまっているからだ。この誤ったポジショニングに気づかないかぎり、何百万ドルもの巨費を投じたところで、決してうまくいかない。

不吉な予言

一九六九年、私たちは業界誌「インダストリアル・マーケティング」に論文を寄稿した。「類似品があふれる今日の市場を支配するのは、ポジショニングというゲームである」と題したもので、初めて「ポジショニング」という用語を登場させ、強力なライバルが消費者の頭の中に既にポジションを確立している場合の対処法を解説した。実在の企業名をあげながらポジショニング戦略に基づいて予測を立てるという大胆な内容だったが、ある予測が驚くほどぴたりと未来を予言した。私たちは、コンピュータ業界で「ＩＢＭが確立したポジションに正面から戦いを挑んで勝てる企業はない」と書いたのだ（ここで重要なのは、「正面から」という言葉だ。市場のリーダーと競争することは不可能ではない。だが、ポジショニングの法則に従えば、「正面から」競争を挑むのは御法度である）。

しかし発表当時、世間ではこの指摘は無視された。ＲＣＡならきっとＩＢＭに勝てる、あれほどの巨大企業がその気になれば勝てないはずがない、と思われていたからだ。

翌一九七〇年、ＲＣＡは全速力でＩＢＭ追撃を開始した。ビジネス誌には、信じがたい言葉が踊った。

「ＲＣＡ、ナンバー1のＩＢＭに一斉砲撃開始」（「ビジネスウィーク」一九七〇年九月一九日号）

「ＲＣＡ、ＩＢＭと大接戦中」（「フォーチュン」一九七〇年一〇月号）

「RCAのコンピュータがIBMに真正面から挑む」(「アドバタイジング・エイジ」一九七〇年一〇月二六日号)

RCAのロバート・W・サーノフ会長兼社長は、最初からそのつもりだったといわんばかりに、「我が社は、一九七〇年末までにゆるぎないナンバー2になるだろう」と述べた。そして、カラーテレビも含め「過去のどんな事業よりもはるかに巨額の投資をコンピュータ事業につぎこんできた」ことを指摘し、「目標は、七〇年代初期のうちに確実に利益の出るポジションを確立することだ」と語った。

しかし、その屋台骨は一年も経たぬうちに崩れた。「ビジネスウィーク」一九七一年九月二五日号は、「二億五〇〇〇万ドルの大損失がRCAを襲う」と書いた。とてつもない額だ。これだけの百ドル札をロックフェラーセンター脇に積み上げたら、RCAビル五三階にあるサーノフのオフィスより高くなる。

この頃、他の大手コンピュータ・メーカーも次々に敗北した。一九七〇年五月には、GEもついにコンピュータ事業をハネウェルに売却した。

IBMに対抗するには?

コンピュータ業界は、しばしば「白雪姫と七人のこびと」にたとえられる。マーケティングで比類のないポジションを築いた企業が白雪姫というわけだ。現代の白雪姫はＩＢＭ。メインフレーム・コンピュータの七〇％のシェアを獲得している。一方、こびとたち、すなわち競合他社は、最大で一〇％のシェアしか得ていない。

では、ＩＢＭのようなポジションを築いた企業に対抗するには、どうしたらいいのか？　まずは、現実を直視すること。そして、他社がやりそうなことには手を出さず、別分野でＩＢＭのようになることだ。

ＩＢＭが確立したポジションに正面から突き進んでも、成功の望みはまったくない。これまでのところ、歴史もそれを証明している。中小企業はこの事実を心得ているが、大企業は真っ向からＩＢＭのポジションを奪いにかかりたがる。だが、ある不幸な経営者がもらしたように、それでは「いくら金があっても足りないよ」という結果になる。ここからでは目的地にたどり着けない。「火には火をもって戦え」という格言があるが、この場合は、故ハワード・ゴセージの口癖どおり、「ばかげている。火には水で戦え」が正解なのだ。

ＩＢＭと競合する企業が取り得るベターな戦略とは、自社が既に消費者の頭の中に確立したポジションを活用することだ。どんなポジションでもいい、そのポジションをコンピュータ業界におけるポジションに関連づけるのだ。

たとえば、ＲＣＡはコンピュータ事業のポジションをどこに定めるべきだったのか？　一九六九年の論文で、私たちはこんな提案をした。

「RCAはコミュニケーション業界のリーダーだ。もしコンピュータ事業で確固たるポジションを確立したいなら、自社のコミュニケーション事業で既に確立したポジションを活用すべきだ。コンピュータ事業の内容を狭めるように思われるかもしれないが、こうしたほうが強力な戦略的拠点を築ける」

GEはどうか。同社はコンピュータを利用した商品で成功している。同社のタイムシェアリングシステムは、テクノロジー界の話題をさらっている。もしタイムシェアリングコンピュータだけに集中していれば、コンピュータ業界で成功できたかもしれない。実際、GEがハネウェルに売却しなかった唯一のコンピュータ事業が、タイムシェアリングネットワークだった。この事業は今も利益を出している。

NCRはどうか。キャッシュレジスターの製造で強力なポジションを確立している同社は、小売データエントリーシステムに集中することで、コンピュータ事業を成長させた。つまり、コンピュータのキャッシュレジスターをつくったわけだ。

もし、コンピュータに関連づけられる既存事業がなければ、コンピュータ分野でうまくいくポジションは見つけようがない。それならコンピュータ以外の分野に集中したほうがずっといい。

落伍者は、「一層の努力」をすれば問題は解決できる、という答えに飛びついてしまいがちだ。

だが、負けるポジションにはまりこんだ企業は、どんなに努力しても無駄だ。一層の努力が役立つことがあるとすれば、それは、努力を「どう」ではなく「いつ」なすべきかにかかっている。

努力は、その商品の市場が確立する初期のうちになすべきだ。市場リーダーのポジションを得るチャンスは、この時期にしかない。いったんリーダーのポジションが得られれば、何もかもうまくいく。なければ当然、前途多難だ。イヌイットのことわざどおり、そりを引く犬たちの中で、移り変わる眺めを楽しめるのはリーダー犬だけなのだ。

スミスとジョーンズとGE

この法則の理解に役立つ例がある。

二人の紳士がGEのトップの座をねらっていた。一人はスミス。もう一人はジョーンズだ。スミスは典型的な「なせばなる」タイプの役員で、コンピュータ事業を任されると喜んで引き受けた。一方、ジョーンズは現実的だった。彼は、GEがコンピュータ業界でリーダーになるには参入が遅すぎたことを知っていた。ゲーム終盤に参戦すれば、IBMを追撃するコストがかかりすぎる。しかも、追いつけるかどうかも不明だ。

案の定、スミスはコンピュータ事業の再生に失敗した。すると、ジョーンズはすかさずコンピュータ事業から撤退すべきだと進言し、同事業をハネウェルに売却した。

この決断が、レジナルド・H・ジョーンズがCEOの座を射止める決定打のひとつとなった。一方、J・スタンフォード・スミスは、インターナショナル・ペーパー勤務を最後に退職した。

もちろん、こうした業界内ヒエラルキーは、他のどんな業界にも存在する。強力なリーダー（コンピュータならIBM、コピー機ならゼロックス、自動車ならGM）と追随者の群れ――。この例が示す教訓は、他業界にも応用できる。コンピュータ業界でうまくいくことは、自動車業界やコーラ業界でもうまくいくのだ。

06 業界リーダーになる必勝パターン

04章で述べたように、エイビスやセブンアップは、いきなり市場のリーダーをねらうのではなく、独自ポジションを見つけることで発展した。だが多くの企業は、たとえ成功できたとしても、二位以下に甘んじたくないと思っている。彼らはみな、ハーツやコカ・コーラのようなリーダーになりたがるのだ。

では、リーダーになるにはどうすればよいか？　もうおわかりだろう。「一番乗り」を果たせばいいいだけだ。

リーダーは圧倒的に優位

平均的に見て、人の脳に最初に刷りこまれたブランドは、二番手のブランドの二倍、そして二番手は三番手の二倍の市場シェアを獲得する。これが歴史の常だ。しかもこの関係は容易には変わらない。

どの市場を見渡しても、リーダーはナンバー2のブランドを大きく引き離している。ハーツはエイビスに、GMはフォードに、グッドイヤーはファイアーストーンに、マクドナルドはバーガー・キングに、GEはウェスティングハウスに大差をつけている。

だがマーケティングの専門家の多くは、「ナンバー1」のとてつもない優位性を見落とし、コダックやIBMの成功は「優れたマーケティングのおかげだ」などと繰り返している。実際には、ある業界のリーダーでさえ、新市場ではナンバー1ブランドを生み出さないかぎり、どんな新商品を出してもトップにはなれない。たとえば、飲料業界のリーディング・カンパニーであるコカ・コーラは、ドクターペッパーよりはるかに巨大な企業だが、巨費を投じて発売したドクターペッパーの競合商品「ミスターピブ」は、みじめなナンバー2にしかなれなかった。

IBMも、ゼロックスより大規模で、優れたテクノロジー、人材、資金が揃っているにもかかわらず、コピー機市場では勝てなかった。ゼロックスは今でも、この市場でIBMの数倍のシェアを維持している。

コダックがポラロイドに対抗してインスタントカメラ事業に進出したケースも、結果は同じだった。コダックは、ポラロイドに遠くおよばず、相当の損失を被ったのち、なんとか小さなシェアを獲得したにすぎなかった。

このように、優位性のほとんどはリーダーに集中する。とくに明白な理由がないかぎり、消費者はいつも同じブランドを選ぶ。だから、小売店もますますリーディング・ブランドを揃えるようになる。規模が大きく成功している企業ほど、より優れた人材をより多く引きつける。だから、トップレベルの大学の優秀な学生を採用できる。

リーディング・ブランドの優位性を確認したいなら、飛行機に乗ったときに機内サービスをチェックすることだ。普通、機内ストックは、コーラが一銘柄、ジンジャーエールが一銘柄、ビールが一銘柄だ。さて、何が出てくるか？　たぶん、コカ・コーラ、カナダドライ、バドワイザーだろう。この三つが、それぞれのリーディング・ブランドだからだ。

「不安定な市場」はチャンス

市場によっては、二つのブランドがトップ争いにしのぎを削っている場合もある。そうした市場は本質的に不安定だ。早晩、一方のブランドが売上を伸ばしてリードをとり、シェアが五対三または二対一になったところで安定するだろう。

消費者はニワトリと同じ習性を持つ。全員が納得できる序列に収まると落ち着くのだ。「ハーツとエイビス」「ハーバード大学とイェール大学」「マクドナルドとバーガー・キング」……。二つのブランドが拮抗していても、やがてどちらかが売上を伸ばし、何年も市場を支配するようになる。たとえば、一九二五〜三〇年にかけて、フォードとシボレーがしのぎを削っていたが、三一年にシボレーがリードをとって以来、不況や戦争による一時的逆転はあったものの、シボレーがフォードにリードされた年は四回しかない。

繰り返して言う。「一層の努力」をすべき時期は明白だ。勝負がまだ決まっていない時期、どちらもはっきりとした優位に立っていない時期である。ある一年でトップ争いを制した者は、往々にしてその後の一〇年も勝利を収めつづける。

ジェット機は離陸するときに一一〇％の力を要する。だが、高度一万メートルに到達してしまえば、出力を七〇％に落としても、時速九六七キロで飛行しつづけられる。

リーダーの座を維持する戦略

［問］体重三六三キロのゴリラはどこで眠るか？

［答］眠りたい場所で眠る。

リーダーになれば、やりたいようにやれる。当面はゆるぎない強さで、勢いだけでやっていける。レスリングの教えにあるように、「上に乗ってしまえば抑えつけられることはない」のだ。

GMやP&Gなど、世のリーディング・カンパニーにとって、今年や来年の懸念は存在しない。

あるのは五年後、一〇年後といった長期的な懸念だけだ。
では将来にわたる長期安定をものにするにはどうすればよいか。そこには、「すべきではないこと」と「すべきこと」とがある。

［すべきではないこと］

リーダーのポジションにあるかぎり、「私たちはナンバー1です」といった自明の事実を繰り返す広告は必要ない。それよりはるかに重要なのは、その市場全体を消費者に強く印象づけることだ。ＩＢＭは、いつも競争など存在しないかのように、コンピュータそのものの価値をうたっている。「ＩＢＭのコンピュータ」だけでなく、「コンピュータ全体」を称揚しているのだ。
「私たちはナンバー1です」式の広告がよくないのは、それが心理的に逆効果を与えるからだ。これを見聞きした消費者は、繰り返し主張しなければならないほど不安なのだろうか、と思ってしまう。

もちろん、あなたのブランドがナンバー1だと知らない消費者もいる。だが、その場合問題にすべきは、なぜ消費者が知らないのか、である。おそらく、あなたは都合のいい基準で自分をリーダーだと見なしているだけで、消費者の基準ではそう見えていない。残念ながら、そんな状態で連呼したところでうまくいかない。「ミシシッピ川より東側地域では、一〇〇〇ドル以下で買えるハイファイ・システムのベストセラーです」――、こんな一方的な基準によるリーダーのポジショニングでは、成功しないのだ。

［すべきこと］
「ザ・リアル・シング（本物）」。古典ともいえるこのコカ・コーラの広告は、どんなリーダーにも応用できる。

リーダーのポジションを確立するには、何としても「最初に」消費者の頭の中に入りこむことが重要だが、リーダーのポジションを維持するには、「オリジナルの」コンセプトを強調することが不可欠だ。コカ・コーラは、「ザ・リアル・シング」というキャンペーンによって、我がコーラこそ本物であり、他はすべて真似である、と印象づけることに成功した。

この戦略は、「私たちはナンバー1です」とは似て非なるものだ。値下げしたり、販売店を増やしたりすれば、どんなものでもナンバー1になれるかもしれないが、「本物」となると話は違う。こちらはいわば初恋のようなもので、常に消費者の頭の中で特別な位置を占めている。

「私たちが、この商品を発明しました」。これが、ゼロックスのコピー機の強いブランド力を生んでいる。ポラロイドのカメラ、ジッポーのライターも同様である。

あらゆる事態に備えて保険をかける

残念なことに、リーダーはときとして自社の広告戦略に満足するあまり、自分たちは誤りを犯すはずがないと思いこんでしまう。そしてその結果、競合他社が新商品や新機能を導入しても、その変化をあなどってしまう。

しかし、真のリーダーがとるべき態度は逆だ。すなわち、ライバルの新商品が少しでも成功しそうなら、プライドを抑え、すぐに対応すべきである。

ドイツのワンケル社がロータリーエンジンを開発したとき、GMは即座に対応し、五〇〇〇万ドルを投じてロータリーエンジンのライセンスを買った。無駄づかいではないかって？　いや、そうともかぎらない。五〇〇〇万ドルで年間八四〇億ドルの事業を守ることができたのだから、保険だと思えば安いものだ。もし、ワンケル・エンジンが未来の自動車エンジンになっていたら、そしてフォードかクライスラーがそのライセンスを先に買っていたら、GMは今頃どうなっていたか？

かつて、コダックと3Mはオフィス・コピー機市場のリーダーだったが、カールソンがゼログラフィー式コピー（普通紙コピー）を開発したとき、そのライセンスを買うチャンスがありながらともに見送った。「感光紙コピーなら一枚一・五セントでできるのに、わざわざ五セントもかけて普通紙コピーをする人などいるはずがない」。確かに筋は通っている。だが保険とは、予期せぬ事態から身を守るためにかけるものである。

実際、予期せぬことが現実になった。カールソンの特許を買ったハロイドの会社（ハロイドゼロックスからゼロックスに改名）は、現在売上九〇億ドルの巨大企業になった。コダックには若干ひけをとるものの、３Ｍは抜いている。「フォーチュン」は、ゼロックスの普通紙コピー機「９１４」について、「アメリカの製造業史上、おそらく最も高利益をあげている商品」と書いている。

しかし、ゼロックスはこの成功の後、何もしなかった。そして次々と失敗を重ねた。中でも大きな失敗は、コンピュータ事業への進出だった。

パワーの源は企業ではなく商品である

かつてゼロックスの会長は、「オフィスコピー機での成功に匹敵する成功をあと何回か達成できれば、我が社の実力を証明できるだろう」と言った。これこそ、リーダーが犯す古典的な誤りだ。彼は、企業の実力が商品の実力を生み出したと錯覚しているのである。

真実は逆だ。企業の実力を生み出したのは、商品の持つ力であり、商品の力とは、商品が消費者の頭の中に確立したポジションから生まれる。

コカ・コーラには実力がある。コカ・コーラ社とは、その商品力の反映でしかない。その証拠に、同社はコーラ以外では苦戦している。前述したように、ミスターピブはドクターペッパーに大きく引き離されて二位に甘んじている。コーラ以外は、最初に消費者の心をつかむことも、リーディング・ブランドに対抗する強力なポジショニングもできないでいる。

ゼロックスについても同じことがいえる。同社の実力は、消費者の頭の中に確立したポジションにある。「ゼロックスといえばコピー機」というポジションを得たのは、消費者の心を最初につかみ、次に大々的なマーケティングでポジションを拡大したからだ。

しかし、コンピュータやオフィス・プリンター、ワープロなどの分野では、ゼロからのスタートである。これらの分野でも、コピー機のような成功をねらっている同社は、「914」の成功に不可欠だった要素を忘れてしまっている。「914」は、普通機コピーという大海に船出した最初の商品だった。

マルチ・ブランドをカバーする

リーディング・カンパニーの多くは、次々と別ブランドを導入して競争に対応している。P&Gの古典的な「マルチ・ブランド戦略」もそのひとつだが、私たちに言わせれば、これはむしろ「シングル・ポジション戦略」と呼ぶべきものだ。

「アイボリー」は、今も昔も「石鹸」のブランドだ。合成洗剤が開発されたときも、新商品にアイボリーの名をつけたりしなかった。そんなことをしたら、アイボリーというブランドが消費者の頭の中に確立したポジションを変えてしまうことになるからだ。代わりに、その新商品には「タイド」という名がつけられた。賢明な解決策だった。合成洗剤という新コンセプトにふさわしい新名称を得て、タイドは素晴らしい成功を収めた。同様に、食洗機用洗剤を導入したときも、同社はタイドではなく「カスケード」とした。

P&Gでは、ひとつひとつのブランドが、消費者の頭の中に他にはない確固としたポジションを築いている。時代が変わるにつれてテクノロジーや人々の味覚が変化しても、ブランドのポジションは変えない。代わりに新商品を発売する。P&Gは、既に確立されたポジションを動かすことがどれほど困難かをよく認識している。ブランドのポジションを変えるくらいなら、新商品を導入したほうが、長期的には安上がりで効果的。たとえ名の通った既製品を廃番にしても、である。

P&Gのリーディング・ブランドは、どれも別々のアイデンティティを持っている。食器用洗剤の「ジョイ」、歯磨きの「クレスト」、シャンプーの「ヘッド&ショルダーズ」、デオドラント剤の「シュアア」、紙おむつの「パンパース」、トイレットペーパーの「チャーミン」……。どこにも、「プラス」「ウルトラ」「スーパー」といった言葉はない。

マルチ・ブランド戦略とは、シングル・ポジション戦略である。ひとつのブランドを導入したら、変更してはならない。アイボリーは、これを守ったからこそ、発売から九九年たった今でも強力な石鹸ブランドなのだ。

幅広いネーミングで保険をかける

リーダーを王座から引きずり下ろす要因のひとつは、変化である。

一九二〇年代、ニューヨークセントラル・レイルロードは、鉄道業界のリーダーであり、その株式は最優良銘柄だった。しかし数度の合併を経て、ペンセントラルとなった同社は、かつての栄光を見る影もなく没落しきっている。

これに対して、アメリカン航空は順風満帆だ。ニューヨークセントラルは、航空業の勃興期に航空事業部門を立ち上げるという保険をかけるべきだった。「鉄道事業を見捨てて航空業に乗り出せだと？　私の目の黒いうちはそうはさせん！」。保険のための戦略は、往々にして社内ウケが悪い。経営陣の多くは、新商品や新サービスが登場すると、チャンスではなくライバルだと見なしてしまう。

こういうとき、名称を変えることで、次の時代へ橋渡しできることがある。名称の意味を広げることで、変化を心理的に受け入れられるようになるからだ。

ハロイドは、ハロイドゼロックスになり、さらにゼロックスになったが、これが一般的なパターンだ。コダックは、イーストマンがイーストマン・コダック、そしてコダックになった。しかし、この社名変更はまだ完了していない。正式社名はイーストマン・コダック・カンパニーのままだからだ。

ダイレクト・メール・アソシエーションは、数年前にダイレクト・メール・マーケティング・アソシエーションに社名変更した。同社の通信販売《ダイレクト・マーケティング》の手段は郵便《メール》だけではないという事実を反映してのことだ。さらに最近、再度社名変更し、ダイレクト・マーケティング・アソシエーションになった。

ニューヨークセントラル・レイルロードがニューヨークセントラル・トランスポーテーション・カンパニーに社名変更したところで、成功しなかったかもしれない。だが、多くの証拠が示すように、人々は社名の意味を文字どおりに受け取るものだ。

官庁組織は、総じて名称の意味を拡大するのがうまい。住宅・都市開発省は、かつて住宅資金公団という名称だったが、意味を拡大した名称に変えることで管轄範囲を広げ、スタッフを増やし、予算の拡大も正当化した（しかし奇妙なことに、連邦取引委員会は名称拡大のチャンスをつかみそこねた。消費者保護公団とでもしておけば、目下の社会問題を利用できただろうに……）。

リーダーは、商品の応用範囲を拡大することで利益を得ることもできる。アーム＆ハマーは、ベイキングソーダを冷蔵庫の消臭剤としても使うことを奨励し、売上を伸ばした。

フロリダ・シトラス・コミッションは、CMで「オレンジジュースは朝食だけのものではありません」とうたい、おやつや他の食事どきにも飲むことを提案した。その結果、オレンジジュースは、最も売れるフルーツジュースとなった。

ビジネス誌業界のリーダー「ビジネスウィーク」は、「一般消費者向けの広告媒体として優れている」と売りこんで成功した。現在、同誌の広告の四〇％は消費者向け広告である。

07 追いかける側の「勝ち方」とは？

リーダーのやり方は、追いかける側には必ずしも通用しない。リーダーは、ライバルの動きに保険をかけることで現在のポジションを維持できる。しかし、追う立場にあるものは、保険をかける戦略は使えない。もし真似をすれば、それは保険でもなんでもなく、単なるサル真似で終わる。

追随商品が失敗する理由

多くの商品が相応な売上目標を達成できないのはなぜか？　それは「スピード」よりも「よりよい品質」を強調するからだ。ナンバー2の企業のほとんどは、よりよい品質の類似品を出せば成功すると考えるが、実際には、ライバルよりよい商品をつくるだけではダメなのだ。勝利を得るためには、他のブランドが市場リーダーになるチャンスをつかむ前に売り出すこと。同時に大々的な広告・販促キャンペーンを展開し、優れた商品名をつけることが不可欠だ（ネーミングについては09章参照）。

それなのに、たいていは逆のことをしてしまう。類似品を売り出す企業は、商品の改良に貴重な時間を費やし、広告予算はリーディング・カンパニーよりも少ない。そして、新商品に既存ブランドの名を冠してしまう。市場シェアを素早く獲得するには、そのほうが簡単だからだが、これらはすべて、情報社会では命とりになりかねない失策だ。

未開拓分野を探せ

フランス語には、ポジショニング戦略をひとことで表す表現がある。「穴を探せ」。穴を探してそこを埋める――、アメリカ的思考に特有の「より大きく、よりよいものを」という哲学とは、真っ向から対立するものだ。

典型的なアメリカ的思考には、この他にもポジショニング戦略を難しくする要素がある。たとえば、アメリカ人は子どもの頃から「ポジティブ・シンキング」をたたきこまれる。これを唱えれば本はたくさん売れるかもしれないが、「穴を探す」能力は破壊される。穴を探すためには、天《あま》の邪鬼《じゃく》になる必要がある。みんなが東を目指すとき、穴を探すなら西へ行くこと。クリストファー・コロンブスの戦略は、私たちの時代にも有効なのだ。

では、穴の探し方を見ていこう。

「サイズ」という穴

デトロイトの自動車メーカーは、何年間も「より長く、より低い」車をめざしてきた。毎年新モデルが発表されるたびに、無駄がそぎ落とされ、洗練されていたが、そこへ寸詰まりでどてっとしたフォルクスワーゲンのビートルが登場した。

それまでの販促手法をとるなら、欠点はなるべく控えめにして、長所を声高に宣伝したことだろう。「ファッション・カメラマンを手配して、極力カッコよく撮影してもらおう。信頼性のアピールはそれからだ」というように。しかしビートルは、そのサイズが「穴」だった。フォルクスワーゲン史上最も効果を上げた広告は、ビートルのポジションを前面に押し出した。

「シンク・スモール」

たった二語の、このシンプルなコピーで、フォルクスワーゲンのポジションを明確にし、「大きいほうがいい」という人々の常識をくつがえしたのだ。

この広告は、消費者の頭の中にぽっかりと開いた穴を射とめたからこそ、効果を上げた。ビートルが発売された当時、他にも小型車はあったが、誰もそれをひとつのポジションとして確立してはいなかった。

　電気製品分野でも、集積回路や他の電子部品の登場によって、「小型」という穴を突く可能性が開かれた。この先、小型化を実現し、うまみのあるポジションを構築するのがどの企業かは、時がいずれ明らかにするだろう。もちろん、逆の志向にもチャンスはある。テレビなどでは、「大型化」という穴にチャンスがある。

「高価格」という穴

「高価格」という穴を見つけた典型例は、ミケロブだ。アンヒューザー・ブッシュは、国産高級ビールという市場が手つかずであることに気づき、そこにミケロブの名を刻んだ。

　この穴は、他の多くの分野にも存在する。使い捨て文化がはびこる昨今、資源保護の要請が高まり、より長持ちする高品質商品を歓迎する風潮が広がりつつある。四万ドル台のBMW635―CSや、五万ドル台のメルセデスベンツ500―SELといった車が売れているのもそのおかげだ。また、ライターのデュポン（いい名前だ）も、広告で「一五〇〇ドルちょっと」というコピーを用いている。高価格はウリになる。とりわけ、最初にその穴を射止めた場合は――。

「世界でいちばん高価なたったひとつの香水、ジョイ」

「世界一高価な時計、ピアジェを身につけるべき理由とは？」

こうした高価格戦略は、自動車や香水、時計といった贅沢品だけでなく、ホイットニーのヨーグルトやオーヴィルレーデンバッハーのグルメ・ポップコーンといった日用・食料品にも有効だ。一クォートが三ドル九五セントもするエンジン潤滑油モービル1も一例だ。小麦粉や砂糖、塩といった伝統的な低価格商品にも、高価格ポジション戦略で成功するチャンスがある。

この戦略のポイントは、①高価格のポジションを掲げ、②説得力のあるストーリーを用意し、③消費者が高価格ブランドを受け入れるような市場で展開すること。他に先駆けてこの三条件を満たすことが、成功への秘訣である。そうでなければ、高価格にしたところで消費者に敬遠されて終わるだけだ。

もうひとつ、高価格は店頭ではなく広告でうたうこともポイントだ。もし戦略を正しく遂行していれば、店頭でその価格に驚かれることはない。またその広告では、特別な理由がないかぎり、正確な値段まで言う必要はない。

「低価格」という穴

高価格戦略の正反対を目指すのも、有利な戦略となりうる。とくにファクシミリやビデオデッキのような新しく登場した商品には、この戦略が向いている。消費者は、最先端製品が安いと「いい買い物をした」と考えるからだ。万が一、購入品がうまく動かなくても、たいして高くなかったからとあきらめがつく（これに対して、自動車や時計、テレビといった古くからある商品は、一般的に高価格戦略のほうが向いている。とりわけ、顧客が修理サービスに満足していないような商品はねらいめだ）。

最近出まわっている「ノーブランド」食品も、スーパーマーケットにおける低価格の穴を開拓するための試みだ。ただし、小売店が長年にわたってセールを繰り返し、低価格が常態化している現在、この方向性で成功する可能性はかなり低い。

通常は、「高価格」「標準価格」「低価格」の三つを同時展開すれば、強力なマーケティングシフトとなる。たとえばアンヒューザー・ブッシュは、ミケロブ（高価格）、バドワイザー（標準価格）、ブッシュ（低価格）を揃えている。ちなみに、このうち最もブランド力が弱いのは、ブッシュだ。名前も貧弱だし、強いポジショニング・コンセプトもない。だいいち、なぜ、よりによって低価格商品に自社名をつけたりするのか？　低価格ビールで最もうまいネーミングは、「オールド・ミルウォーキー」だろう。現在、低価格ビールの売上トップである。

効果が期待できるその他の穴

まだ他にも穴はある。ひとつは「性別」。タバコ市場で最初に「男のタバコ」というポジションを確立した国産ブランド「マルボロ」は、着実に売上を伸ばし、一〇年間で売上五位からトップになった。

この戦略も、タイミングが重要だ。一九七三年にロリラードが「ルーク」という男性向けタバコを発売した。名前もパッケージも、「カンカキーからココモまで、ルークは自由にゆっくり進む」という広告コピーも秀逸だった。しかし、タイミングだけは失敗した。ざっと二〇年遅すぎたのだ。ルークの歩みがあまりにもゆっくりだったため、ロリロードはこれを廃番にした。

バージニアスリムは、マルボロが男性向け市場で成功した戦略を女性向けで展開し、かなりのシェアを獲得した。しかし類似品の「イブ」は、同じように女性向け戦略をとろうとして失敗した。発売が遅すぎたのだ。

もうひとつ、性別でポジショニングする場合に注意したいのは、「正攻法が最善だとはかぎらない」ということだ。たとえば香水は、最もデリケートで女性的なブランドが成功すると思われそうだが、世界一売れているブランドは、「アルページュ」でも「シャネルの五番」でもない。レブロンの「チャーリー」だ。史上初めて男性名を冠したこの香水は、広告でもパンツスーツ姿の女性を起用した。これに対してマックスファクターは、「ジャスト・コール・ミー・マキシ」というコピーで追随商品を売り出したが、大失敗に終わっただけでなく、社長の首も飛ばしてしまった。

チャーリーの成功物語は、香水のようにイメージが確立された商品がはらむパラドクスをはっきり示している。すなわち、多くのブランドがある方向（女性的なブランド名）を目指すとき、チャンスは逆方向（男性的なブランド名）にあるのだ。

「年齢」も、ポジショニング戦略にとっては利用価値がある。年配層をねらって成功を収めた商品の好例が、ジェリトールのトニックだ。子ども向けの成功例であるエイムの歯磨き粉は、一〇％の市場シェアを獲得している。クレストとコルゲートという二大ブランドが支配する市場にあって、これは素晴らしい数字である。

「時間帯」も有効だ。史上初の夜用風邪薬ナイキルがその一例だ。

「販売経路の分化」も有効だ。レッグスは、スーパーマーケットでの販売に特化した初のパンティストッキングブランドだが、数億足を売り上げ、市場トップである。

「ヘビーユーザー向け」という戦略もありうる。ビールファンに的を絞ったシーファーは、「一本ではもの足りない人が選ぶビール」というポジションを築いて成功した。

「工場の穴」は落とし穴

穴探しをしていると陥りがちな誤りがある。消費者の頭の中ではなく、工場の中で穴を探してしまうのだ。

典型例は、フォードのエドセル。多くの人がこの車のみじめな失敗を笑ったが、重要な点は見逃している。要するにフォードは、本末転倒を犯したのだ。エドセルはそもそも、フォードとマーキュリーの間、他方ではフォードとリンカーンの間の穴を埋めるために生まれた、社内的には素晴らしい車だった。つまり、工場にとってはよい戦略だったが、クロムメッキの中型車市場には既に多数の車種がひしめき、エドセルが入れるポジションなどなかった。

もしも、このエドセルを「ハイ・パフォーマンス車」とうたい、洒落た2ドアのバケットシート車にふさわしい車名をつけて売り出していたら、誰も笑ったりはしなかっただろう。他の車種にはないポジションを獲得し、まったく異なる結果を得ていたかもしれない。

「工場の穴埋め」という間違いを犯したもうひとつの例が、米国初の週刊新聞「ナショナル・オブザーバー」だ。誇り高きオーナー、ダウ・ジョーンズは、「ウォールストリート・ジャーナル」を発行しているが、その発行日は週に五日だけ。「それなら、残りの二日は週刊新聞を刷ればいい」と誰かが提案したのだろう。そうすれば、日刊新聞用の高価な印刷機を有効活用できる、というわけだ。

だが、購読者の頭の中の「穴」はどこにあったのだろう? 人々は既に「タイム」や「ニューズウィーク」「USニューズ&ワールドレポート」などのニュース雑誌を読んでいた。「まあね、でもナショナル・オブザーバーは週刊新聞で、雑誌じゃないから」と言い張ったところで、言葉のあやでしかない。購読者は、週刊新聞と週刊誌を区別したりはしなかった。

技術を過信するな

研究部門がどんなに素晴らしい技術を開発しても、消費者の頭の中に入るべき「穴」がなければ失敗する。

一九七一年、ブラウン・フォーマン醸造所が、史上初の「辛口ホワイトウィスキー」として「フロスト8／80」を売り出したとき、これは成功間違いなしと思われた。辛口ホワイトウィスキーは、それまで発売されたことがない、という大きな穴があったからだ。ウィリアム・F・ルーカス社長が語ったように「社員は拍手喝采し、ライバル各社は歯ぎしりをしていた」。

だが、二年も経たないうちに販売中止に追いこまれた。損失数百万ドル、売上総計は同社目標の三分の一、わずか一〇万ケースどまりだった。何が間違っていたのかは、消費者の目でこの商品のポジショニングを見ればわかる。「辛口のホワイトウィスキーなら、もう四種類もあるじゃないか。ジン、ウォッカ、ラム、それにテキーラがそうだろう？」

フロスト8／80の広告は、「ホワイトウィスキーこそ、他の蒸留酒に代わる新ウィスキー」とうたっていた。ウォッカやジンのようにマティーニに使えるし、スコッチやバーボンのようにマンハッタンやウィスキー・サワーに使える――と。だが、こんなふうに消費者をだましてはいけない。人々は、そんなレトリックにはひっかからない。ある政治家が言うとおり「アヒルのような見てくれで、アヒルのように歩いていれば、それがアヒルなんだよ」

「万人ウケ」の幻想を捨てる

マーケティングの専門家の中には、「穴を探せ」というコンセプトを否定する人もいる。彼らは特定のポジションに縛られるのをいやがる。そんなことをすれば、売上に限界を設けることになる、あるいはチャンスが少なくなると考えるからだ。

彼らは、あらゆる商品において「万人ウケ」をねらいたがる。ずっと昔の、まだブランドの数も広告の数もごく少なかった頃なら、それもうなずける。昔の政界では、政治家が目立つポジションを得ようとするのは自殺行為とされた。敵をつくるな、というわけだ。

だが今日、商品の売りこみにおいても、政界においても、明確なポジションを得なければ成功しない。ライバルは多数存在している。敵をつくらず万人ウケを、という戦略では成功できないのだ。過当競争下では、自ら働きかけ、友人をつくり、自分だけが埋められる穴を開拓しなければならない。

既に政界で地位を確立した政治家や、相当の市場シェアを持つブランドであれば、万人ウケの罠にはまっても沈まない場合もある。だが、何もないところからポジション獲得を目指す場合、万人ウケをねらえば間違いなく沈没する。

08 ライバルのポジションを崩せ！

前章では、穴を探してそこにポジショニングする方法を紹介したが、各市場に何百種類もの商品が存在している今日、手つかずの穴が見つかるチャンスは少ない。

たとえば平均的なスーパーマーケットには、一万二〇〇〇種類もの商品やブランドが並んでいる。つまり、私たちは頭の中でその一万二〇〇〇種類の名前を分類し、カタログ化しなければならないことになるが、平均的な大卒の日常会話の語彙数が八〇〇〇語にすぎないことを思えば、すぐに問題に突きあたる。若者が大学で四年勉強しても、まだ四〇〇〇語も足りないのだ。

自分で穴をつくりだす

どの市場にも商品があふれかえっている中で、どんな広告キャンペーンを展開すれば消費者の心をつかめるのだろうか？

マーケティング戦略の基本中の基本、それは、「ライバルのポジションを崩す」である。入りこめる穴はめったにない。だから、ライバルが既に消費者の頭の中に築いているポジションを変え、自分で穴をつくりだすのだ。言い換えれば、新しいアイディアや商品を消費者の頭の中に持ちこむために、まず古いアイディアや商品を取り除く必要がある、ということだ。

クリストファー・コロンブスは、「世界は丸い」と言ったが、大衆は「そんなことはない。世界は平らだ」と言った。一五世紀の科学者たちは、大衆に世界が丸いことをわからせるために、まず世界が平らではないことを証明しなければならなかった。そのとき彼らが持ち出した最も説得力のある主張は、「航海中の船乗りたちは、他船が近づいてくると、まず最初に帆先が見え、それから帆全体、最後に船体が見えるという」だった。もし世界が平坦なら、船全体が一度に見えてくるはずだ、と。世界最高の数学的証明を駆使したところで、大衆が自分の目で確認できるシンプルな観察結果にはかなわないのである。

ともあれ、いったん古いアイディアがくつがえされてしまえば、驚くほど単純に新しいアイディアを売りこむことができる。人々は、隙間を埋める新しいアイディアをいつも探しまわっているものだ。

衝突を恐れてはいけない。ポジション崩し戦略の要は、既存のコンセプトや商品、人物の価値を引き下げることにある。衝突によって、一夜にして評価を築くこともできるのだ。

人間関係の衝突も同じである。リチャード・ニクソンがいなければ、サム・アーヴィンが上院ウォーターゲート事件特別調査会を組織して名をあげることなどできなかっただろう。同じく国務省のアルガー・ヒスがいなければ、彼を共産党分子として追い立てたリチャード・ニクソンの出世はなかっただろう。ラルフ・ネーダーは、自分自身について語ることなく、ひたすら世界最大の企業を攻撃しつづけて有名になった。

人は、バブルがはじけるように誰かのポジションが崩れていくさまを見るのが好きなのだ。

アスピリンのポジションを崩す

タイレノールが発売されたとき、アスピリンのバブルがはじけた。タイレノールの広告は、「アスピリンを服用すべきでない何百万人もの方のために」と訴えた。「すぐに胃が荒れてしまったり、潰瘍《かいよう》があったり、喘息《ぜんそく》やアレルギー、鉄欠乏性貧血がある方は、アスピリンを服用する前に医師の診断をあおいだほうがよいでしょう」

広告はさらに続く。「アスピリンは、胃の粘膜を荒らしたり、喘息やアレルギー反応を引き起こすことがあります。また、胃腸に微出血を起こすこともあります」「でも、幸いなことに、タイレノールがあります……」。商品説明に入る前に、六〇語ものコピーが書かれていた。こうして、アスピリンという不動のブランドが崩れた。

アセトアミノフェン製剤の鎮痛薬、タイレノールの売上は急増し、今では鎮痛薬のナンバー1ブランドだ。アナシンよりも、バイエルよりも、バファリンよりも、エキセドリンよりも売れている。シンプルだが効果的な「ポジション崩し」戦略が功を奏したのである。

レノックスのポジションを崩す

「ポジション崩し」を実践するには、ライバルの商品について消費者が抱いているイメージを変える何かを伝える必要がある。自分の商品ではなく、ライバルの商品について語るのである。

「英国ストック・オン・トレント製の陶器、ロイヤル・ドルトン対米国ニュージャージー州ポモナ製の陶器、レノックス」

ロイヤル・ドルトンがレノックスのポジションを崩したこの手法は、注目に値する。これを目にするまで、消費者の多くは、レノックスは輸入陶器だと思いこんでいた（レノックスという名前が英国風に聞こえるからだろう）。ロイヤル・ドルトンは、この広告ひとつで市場シェアを六％も押し上げた。

偉大な広告人、ハワード・ゴーセイジはよく言っていたものだ。「広告の目的は、消費者に働きかけることではない。ライバル商品のコピーライターを攻撃することだ」。的を射ている。

アメリカ製ウォッカのポジションを崩す

「アメリカ製ウォッカの多くが、ロシア製のように見えます」とその広告は訴えていた。写真キャプションには、「サモーヴァーは、ペンシルヴァニア州シェンリーで、スミノフはコネチカット州ハートフォードで、ウルフシュミットはインディアナ州ローレンスバーグでつくられています」とある。そして続ける。「でもストリチナヤは違います。ロシア製です」。ボトルのラベルには、「ロシア、レニングラード製」と書かれている。

この広告で、ストリチナヤの売上が急伸したのは言うまでもない。

ライバルをけなすようなコピーがなぜ必要なのか？ ストリチナヤブランドの輸入元であるペプシコは、なぜシンプルに「ロシア製ウォッカ」としなかったのか？　無論、そうすることもできた。しかし、それだけでこの商品に興味を抱く人はいない。

思い返してほしい。あなたは、ボトルを手にしてラベルにある産地を確認したことが何度あるだろう？　しかも、ウォッカの名前はどれもロシア風だ（サモーヴァー、スミノフ、ウルフシュミット、ポポフ、ニコライ）。ストリチナヤが驚くべき成功を収めたのは、ライバルをけなすコピーがあったからこそなのである。

雑誌を開くと、ウルフシュミットの広告が飛びこんでくる。「ロシア黄金時代の伝説によれば、ツァー《皇帝》は巨人のごとく君臨し、膝で鉄の棒を折り、一ルーブル銀貨を握りつぶした。そして、世界一の大酒飲みでもあったツァーが飲んだのは、本物のウォッカだけだった。ウルフシュミット・ウォッカ」

ところがページをめくると、そこにはストリチナヤの広告があり、人々はウルフシュミットが、じつはインディアナ州ローレンスバーグ製だと知るのである。ストリチナヤの売上は、アフガニスタン紛争が起こった際に一時急落したが、数ヶ月後には、過去最大のシェアを獲得していた。

プリングルズのポジションを崩す

プリングルズのポテトチップスは、P&Gが一五〇〇万ドルの盛大な広告キャンペーンで発売した鳴物入りの商品だ。当初この「最新流行の」ポテトチップスは、またたく間に市場シェアの一八%を獲得した。

だがこのとき、古典的なポジション崩し戦略に打って出たのが、流行遅れとされたボーデンの「ワイズ」だった。

同社は、テレビCMで双方のブランドのラベルを読み上げた。「ワイズのラベルには、ポテト、植物油、塩、とあります。プリングルズのラベルには、脱水ポテト、グリセリン、アスコルビン酸、ブチルヒドロキシアニソール、とあります」

プリングルズの売上は急落した。シェアは一〇％に落ち、P&Gの目標だった二五％に遠くおよばなくなった。そして調査の結果、プリングルズのポテトチップスに対する最も大きな不満が、「段ボールみたいな味がする」だったと判明した。

これはまさに、「グリセリン」や「ブチルヒドロシアニソール」といった単語が消費者に連想させるイメージそのものだった。風味や味覚、美的感覚といったものは、消費者の頭脳がつくりだす。人は、予想外のイメージは抱かない。舌は、こんな味がするのではないかと思った味を感じるのだ。

ビーカー入りの二水化酸素をむりやり飲めと言われたら、あなたはおそらくいやだなぁと思うだろう。だが水を一杯飲んでくださいと言われれば、抵抗なく飲むのではないだろうか。じつは両者は同じものである。味の差はまったくない。違うのは、イメージである。

最近プリングルズは、路線を変更した。「完全自然派」になるという。だが、時すでに遅し。政治においてもパッケージ商品においても、一度負けたらずっと負け組、という法則がある。プリングルズの復活は、ジミー・カーターの復活と同じくらい困難だろう。

消費者の脳内には、「負け組」と書かれた小さなコーナーがある。あなたの商品がいったんここに入れられてしまったら、一巻の終わりである。こうなったら、初心に返って最初からやり直すしかない。つまり、新商品で新たな勝負に挑むのだ。

P&Gほどの企業なら、ポジション崩しの効力も知っていたはずである。同社は、プリングルズを守るために先手を打っておくべきだった。

リステリンのポジションを崩す

P&Gの広告戦略で最も効果をあげたのは、マウスウォッシュの「スコープ」だ。この商品は、たった二語で、口臭対策の大ヒット商品「リステリン」のポジションを崩してしまった。

「薬臭い息」

リステリンに大成功をもたらしたコピー「イヤな味でも一日二回の習慣を」を撃破するには、この二語で十分だった。

スコープは、この攻撃によって市場リーダーのリステリンから数%のシェアを奪い取り、二位の地位を磐石にした。本来なら市場トップになってもよかったはずだが、ネーミングが足を引っ張った。スコープとは、まるでパーカー・ブラザーズのボードゲームみたいな名前である。異性にもてそうな、味のいいマウスウォッシュの名前とは思えない。もしスコープに、歯磨き粉のクローズアップのような名前がつけられていれば、ポジション崩しに見合う売上を達成できただろう。

「ポジション崩し」と「比較広告」は大違い

タイレノール、スコープ、ロイヤル・ドルトンなどによるポジション崩しが成功すると、似たような広告が雨後の竹の子のように現れた。しかし、それらのサル真似キャンペーンは、しばしばこの戦略の本質を見落としていた。

「我が社の商品は、ライバル商品よりも出来がいい」式の広告は、ポジション崩しではない。これは単なる比較広告であり、効果的ではない。クライアントの目論見に、消費者がすぐ感づいてしまうという心理的欠点があるからだ。「おたくのブランドがそんなに出来がいいなら、どうして市場リーダーではないの？」というわけである。

比較広告は、ライバルのポジションを崩せていない。それどころか、自社ブランドの優位性を示すためにライバルブランドを引き合いに出す結果、相手の価値を認めてしまっている。

たとえば最近のバンの広告は、「バンは、ライトガードやシークレット、シュア、アリッド・エクストラドライ、ミッチャム、ソフト&ドライ、ボディオール、ダイアルよりも効果的です」とうたっているが、こういう広告を見た人々は、「じゃあ、どこが新しいの？」と思ってしまう。

ポジション崩しは法に触れないか？

人格攻撃が法律違反なら、政治家は全員、監獄入りになるだろう（それに、多くの夫婦にとっても一大事になるだろう）。実際、連邦取引委員会は現在、ポジション崩しのCM放映を認めている。

一九六四年、アメリカのテレビ局NBCが、比較広告を禁止する社内規定を撤廃したが、そのときは何の変化も起こらなかった。CM制作は金がかかる。わざわざNBC用と他局用の二バージョンをつくりたがるクライアントなどいなかった。

そこで連邦取引委員会は、一九七二年にABCとCBSに対し、ライバルブランドの名前を含むCMを解禁するよう働きかけた。さらに七四年、アメリカ広告業協会は、これまでの規制内容を完全にくつがえす、比較広告に関する新たなガイドラインを策定した（それまで同協会では、メンバーである広告会社の意向で、比較広告の使用が阻止されていた）。

そして一九七五年、イギリスのラジオとテレビ放送を管轄する英国放送協会も、中傷型広告にゴーサインを出した。

ポジション崩し広告が「合法化」されてから、少なくとも一〇年は経過していることになる。

ポジション崩しは倫理にもとらないか？

かつて、広告制作は孤独な作業だった。消費者にその商品がもたらす利便性を伝えるべく、ひたすら商品とその特徴を研究した。ライバルなど考慮せず、先制攻撃的なコピーを掲げるのが伝統的な手法であり、ライバル商品について言及するのは悪趣味なだけでなく、戦略として劣っていると考えられていた。

しかし、ポジショニングの時代が到来し、ルールは一転した。優位なポジションを築くには、ライバルを名指しするだけでなく、旧来の広告ルールの多くを無視せねばならなくなった。どの市場でも、消費者はその商品を使うメリットをもう知っている。商品のはしごを上がるためには、既に消費者の心をつかんでいるそのブランドに、自社ブランドを関連づけなければならない。

それでもなお、広告関係者の多くは、こうした手法を非難する。効果的である場合ですら、ポジション崩しは多くの不平をかきたてる。

昔ながらの広告人は、こんなふうに考える。「時代は変わった。クライアントは、もはや自社商品のメリットを売りこむだけでは満足せず、いかにライバルより優れているかを売りこみたがるようになった。テレビの攻撃性たるや最悪だ。何百万人もの視聴者の目の前で商品を比較してライバル商品をけなすなんて、何と嘆かわしいことか。こんな非倫理的なマーケティングの横行には、ぜひともなんらかの規制をかけるべきだ」

また、全米トップ10に入るある広告会社の会長も、「比較広告は法律違反ではないが、今の業界のやり方では、文化の尊重や洗練、節度のある企業行動を馬鹿にするような風潮を生んでしまう」と述べている。

だが、二兎を追うことはできない。文化や洗練を求めるなら、オペラの制作に取り組めばいい。文化も洗練も素晴らしいが、広告とは別物だ。

人々が商品や人物について最悪な情報は信じやすく、反対に最高だということはなかなか信じないからといって、社会が病んでいるのだろうか？　新聞は悪いニュースを一面に、よいニュースは後ろの面に載せているが、それは間違いだろうか？

コミュニケーション産業は、ゴシップに似ている。よいニュースではなく、悪いニュースを糧としている。この世のあるべき姿ではない、と思うかもしれない。だが、これが現実だ。

今日の情報社会で成功するためには、「自分の」ルールではなく、「社会が定める」ルールに従ってゲームをしなければならない。

09

「ネーミング・パワー」をこの手に

名前とは、消費者の頭の中にある商品のはしごにブランドの看板をひっかけるフックである。ポジショニングの時代にあって、最も重要なマーケティング上の決断とは、ネーミングだ。

シェイクスピアは間違っていた。バラはバラという名前でなければ、甘い香りはしないのだ。人は自分の見たいものしか見ない。嗅ぎたい香りしか嗅がない。だからこそ、香水のマーケティングで最重要の決断は、その香水にどんな名前を冠するか、なのだ。

「アルフレッド」は「チャーリー」並みに売れるだろうか？　そうはいくまい。カリブ海のホッグ島も、パラダイス島と改名するまでは、誰も知らない島だった。

過去の例にならって、フランスのレースドライバーの名前（シボレー）を採用したり、パリ駐在外交官令嬢の名前（メルセデス）をつけたりしてはいけない。過去の成功が、現在や未来にも通用するとはかぎらない。まだ商品数が少なかった昔は、名前はさほど重要ではなかった。だが今は違う。何気なくつけられた無意味な名前では、消費者の頭の中に切りこむことはできない。

求めるべきは、ポジショニングを優位に進められる名前であり、消費者に何がその商品の最大のメリットかが伝わる名前である。たとえば、シャンプーの「ヘッド&ショルダーズ」、ローションの「インテンシブケア」、歯磨き粉の「クローズアップ」、あるいは、高耐久電池の「ダイハード」や、すっきりとした剃り味を実現したシェイビングクリームの「エッジ」などだ。

とはいえ、行きすぎた名前、つまり商品そのものに寄り添いすぎた名前もよくない。一般的すぎて、特定のブランド名というより、その商品の総体を指す名前になってしまうからだ。

この典型例が、ミラーの「ライトビール」だ。シュリッツ・ライト、クアーズ・ライト、バド・ライトなど、他のライトビールが山のように発売される中、大衆とマスコミによって「ミラー・ライト」という商品名を骨抜きにされてしまったミラーは、ビールの商標として「ライト」やその同音語を使用する独占権を失った。今後、商標関係を専門とする弁護士たちは、商標に形容詞を使う危険な一例として「ライト」をあげるだろう。弁護士は、コダックやゼロックスのような造語を好む。

名前選びは、カーレースに似ている。勝つためには、ぎりぎりの線を突かねばならない。ほとんど一般名詞だが、完全に一般名詞ではない、という名前を選び抜くのだ。そのためなら、たまにはトラックをはずれて一般名詞のテリトリーに入ってしまってもかまわない。世界チャンピオンで、一度もスピンアウトしたことのないドライバーなどいない。

もし、強力で、一般的で、説明的な名前がつけられたら、ライバル商品が自社のテリトリーに踏みこんでくるのを阻止できる。よい名前とは、長期的成功のための最善の保険でもある。

ダメな名前を避ける方法

「ピープル」は、ゴシップ雑誌にうってつけの素晴らしい名前だ。実際、大成功を収めている。だが、後追いの「アス（US）」は不調に苦しんでいる。

ニュース週刊誌の「タイム」は、より一般的な誌名の「ニューズウィーク」より劣っている。「タイム」は史上初のニュース週刊誌で成功も収めているが、広告出稿量では「ニューズウィーク」のほうが上だ。多くの人々が、「タイム」は素晴らしい誌名だと思っている。ある意味ではそのとおりだ。短く、目にとまりやすく、覚えやすい。だが、微妙で、あいまいなところもある。

時計業界誌の名前にも使えそうだ。

「フォーチュン」という誌名も、よいとはいえない。株式トレーダーの雑誌にも、先物トレーダーの雑誌にも、ギャンブラー向けの雑誌にも使えそうである。名前としては、「ビジネスウィーク」のほうが優れている。実際、同誌は「フォーチュン」を上まわる成功を収めている。

時代遅れな名前も、抜け目ないライバルにつけいられる穴を開けてしまう。

「エスクァイア」は、都会の若者向け雑誌の名前として優れていた。かつて、都会の若者が自分の名前をしかし同誌は「プレイボーイ」に首位の座を明け渡した。誰もが「プレイボーイ」とはどんな連中で、何に興味を持っているのかを知っている。もちろん女性だ。だが「エスクァイア〇〇〇」と署名していた頃ならば――。しかし同誌は「エスクァイア（紳士）」とはどんな人なのか？　彼らは何に興味を持っているのか？

「ヨッティング」は長年、マリンスポーツ誌の売上トップだったが、今どきヨットを所有する人などそうはいない。だから、「セイルマガジン」が「ヨッティング」の売上を年々追い上げている。

新聞か雑誌の広告しかなかった時代に、広告業界誌の名前を「プリンターズ・インク」としたのは正解だった。だが、ラジオやテレビもある今、「プリンターズ・インク」は凋落《ちょうらく》し、「アドバタイジング・エイジ」が目覚ましい成功を収めている。

世界で最も成功している印刷物といえば、「ウォールストリート・ジャーナル」だ。今のところライバル不在である。しかし、ビジネス日刊紙としては、この紙名は弱い。ビジネス一般を扱っているのに、金融専門の新聞と思われかねない。

以上のような観察から、どこにチャンスが生まれるかが見えてくる。

技術者や科学者は、自分のつくりだした商品に夢中になるあまり、とんでもない名前をつけることがある。たとえば、「XD―12」。おそらく「experimental design（実験的デザイン）ナンバー12」の略だろうが、単なる内輪ウケの名前で、消費者にとっては何の意味もない。

多くの商品は、中身の差異はごくわずかだ。だからこそ、よりよい名前が何百万ドルもの売上差をもたらすことになる。

造語を使うべきとき

では、コカ・コーラやコダック、ゼロックスのように、造語で大成功した企業例はどう考えるべきだろうか。

多くの人にとってポジショニング思考が難しい理由のひとつは、タイミングの果たす役割を理解できないことにある。

まったく新しい商品やアイディアを携えて最初に消費者の頭の中に入りこんだ企業は、有名になれる。名前がリンドバーグであろうがスミスであろうがランプルスティルトスキンであろうが、である。コカ・コーラは史上初のコーラ飲料である。コダックは史上初の低価格カメラ、ゼロックスは史上初の普通紙コピー機だ。

「コーク」を例にとろう。コークの本来の意味は「石炭を空気のないところで燃やした残余物」。コカインの別名でもある。普通は、こんな言葉をソフトドリンクにつけようなどとは思わないが、コカ・コーラの場合は、「コーク＝コカ・コーラ」という意味のほうが圧倒的に強くなったため、否定的な意味との関連性を恐れる必要がなくなった。

しかし一般的には、新商品にケッズ、クリネックス、コーテックスといった造語をつけるのは危険だ。こんな無意味な名前を何百万人もの人々が受け入れるのは、「完璧に史上初の商品」を携えて、消費者の頭の中に「最初に」踏みこんだ場合のみだ。そうした特殊なケース以外は、わかりやすくて説明的な言葉（たとえば「スプレインウォッシュ」など）を選び、造語（たとえば「qyx」など）は避けたほうがよい。

ちなみに、イニシャルで最もよく使われるのはS、C、P、A、T。反対にめったに使われないのは、X、Z、Y、Q、Kである。英単語の八語に一語はSで始まる。Xで始まる単語は三〇〇〇にひとつしかない。

商品の秘密を明かすこと

技術の進歩は、新たな改良品を生み出しつづける。しかし、そうした商品は往々にして、模倣された二流品のような名前をつけられ、発売時から傷を負っている。

たとえばマーガリンは、登場して既に数十年が経つが、いまだにバターのまがいものだと思われている。最初にもっとよい名前を選ぶべきだった。どんな名前にかって？　もちろん「ソイ（大豆）・バター」である。ピーナツ・バターと同じく、原材料を示す名前だ。

「マーガリン」のような原材料がわからない名前は、人をだましているような印象を与えてしまう。バターの原料は牛乳だと誰もが知っている。だが、マーガリンは？　原材料が示されていないと、消費者は、何か根本的な問題があるにちがいないと思ってしまうのだ。

こうした否定的な反応を克服する第一ステップが、「あえて商品の秘密を明かす」である。「ソイ・バター」は、一見バターの亜流というイメージを与えそうだが、あえてこう名乗ることで、明確にバターに対置できる。対置できれば、乳製品のバターに対抗して大豆製バターの長所を売りこむ、長期的戦略が展開できる。この戦略の成功の鍵は、ソイ（大豆）という名前が意味する「原料への誇り」にある。

有色人種からニグロ、そしてブラックへ――。この言葉の変遷にも、同じ法則が働いている。「有色」は、色が薄いほうがいい、という意味合いが出てしまっている。「ニグロ」はマーガリンと同じタイプ。すなわち二流市民というイメージがつきまとっていた。これらに対し「ブラック」は、ずっとよい選択である。「黒人であることの誇り（あなたは白人であることを好むかもしれないが、私は黒人でいたいのだ）」を育み、長期的な平等を勝ち取るために不可欠な第一歩を踏み出せる。

科学者たちは、何年も前にコーン・スターチから甘味料を抽出することに成功したが、商品化されたそれらは、グルコース、コーン・シロップ、ブドウ糖果糖液糖などと呼ばれた。だが、「ブドウ糖果糖液糖」という名前では、甜菜糖《てんさいとう》や本物の砂糖を模倣した二流品と受け取られても仕方ないと気づいたコーン・シロップの大手サプライヤー、コーンプロダクツは、この甘味料を「コーンシュガー」と呼ぶことにした。

これによって、さとうきびやビートと同じ土俵にコーンを置くことができた。広告コピーは、「すべてのシュガーを思い浮かべてください。さとうきび、ビート、そしてコーン」。そしてマーケティング関係者は、一般名詞の規制を管轄している連邦取引委員会を説得した。「もしこれを砂糖と呼ばせないなら、コーン・シロップ入りのソフトドリンクを『無糖』と呼んでもいいんですね」と。

特殊利益団体は、優れた名前の持つ威力をよくわかっている。「生存権（＝中絶反対）」運動や「公正取引」法がその例だ。「クリーン・エア」法にあえて反対しようという議員もいまい。「公正取引」のように既に確立されたコンセプトに対抗する際は、ライバルの名称を勝手に変えようとしないことが肝心だ。そんなことをしても、大衆に混乱を招くだけだ。かつて公正取引法の反対派は、それを「価格維持法」と呼ぼうとしたが、結局、公正取引法を実施していた多くの州に法律を撤廃させるまでに長い年月がかかった。

よりよい戦術では、名前を逆に利用する。同じ言葉を使って意味をひっくり返し、コンセプトを崩してしまうのだ。「企業にとっては〝公正〟でしょうが、消費者にとっては〝不公正〟です」という具合だ。

もっとよいのは、相手の名前がすっかり浸透してしまう前に、別の名前をつけてしまうこと。「価格維持」という呼び方は、緒戦に用いたなら相手側の拡大を阻止する戦略として有効だった。つまりここでも、一番乗りが重要なのだ。

勝つ名前と負ける名前

「たかが名前じゃないか」とよく言われるが、人生上の戦いにおいても、人の名前が重要な役割を果たすという証拠が山ほどある。

心理学者のハーバード・ハラリ博士とジョン・W・マクデイヴィッド博士は、「小学生がなぜ変わった名前のクラスメートをからかうのか」を探るために、ある調査をした。四、五年生が書いたと思われる作文に、ありふれた二つの名前（デイヴィッドとマイケル）と、あまり見かけない名前（ヒューバートとエルマー）をつけ、それぞれ異なる小学校教師のグループに採点してもらったのだ。もちろん、教師たちは通常の採点だと信じていた。

その結果、デイヴィッドやマイケルといった名前のついた作文のほうが、ヒューバートやエルマーといった名前のついた作文よりも、平均で一ポイント高い成績がつけられていたことがわかった。「教師たちは、過去の経験から、ヒューバートやエルマーのほうが出来が悪いものだと思いこんでいるんです」と博士らは言う。

では、変わった名前の著名人を見てみよう。

ヒューバート・ハンフリー（第三八代アメリカ副大統領）やアドレイ・スティーブンソン（民主党の政治家）は、いずれも、リチャード（・ニクソン）やドゥワイト（・アイゼンハワー）といったありふれた名前の政治家に敗北している。ジミー、ジェリー、リチャード、リンドン、ジョン、ドゥワイト、ハリー、フランクリン――、一九二八年にハーバート（・フーバー）が勝利して以来、「負け組」の名を持つ大統領は誕生していない。

では、ハーバート・フーバーは誰に勝ったのか？　同じく「負け組」の名を持つ政治家、アルフレッド（・スミス）である。一九三二年、対抗馬に「勝ち組」の名を持つフランクリン（・ルーズベルト）が出馬すると、ハーバートは大敗北を喫した。

エドセルという名の人に、人々はどんな期待を寄せるだろうか。フォードがエドセルという車を発売する前から、この名前は「負け組」だった。この車の売上が惨憺《さんたん》たる結果だったのは、名前のせいだ。

シリルとジョンではどうか？　心理学者のデイヴィッド・シェパードによれば、シリルという名前の人に会ったことがない人ですら、シリルはきっと卑怯者だと思い、ジョンは信頼できると考えるという。

人は、自分の見たいようにしか見ない。ダメな名前や不適切な名前は連鎖反応を引き起こし、好ましからざる先入観を固めるばかりなのである。

ニューヨークのある銀行の口座担当に、ヤング・J・ブーザーという名の行員がいた（ブーザーには、大酒飲みという意味もある）。あるとき、顧客が電話で「ヤング・ブーザーに取り次いでくれ」と頼むと、交換手は答えた。「そういう人はたくさんおりますが、どのブーザーにおつなぎしましょうか？」。実話である。

航空業界のヒューバートとエルマー

名前は、メッセージと人々の頭の中との最初の接点である。メッセージを効果的に届けられるか否かを決めるのは、「美的センス」における名前の善し悪しではない。「ふさわしいか」どうかである。

「自由主義世界で第二位の旅客航空会社」。これを広告のスローガンにしているのはイースタン航空だが、航空会社の例にもれず、同社の業績も上下している。それもかなりの乱高下だ。旅客アンケートの結果では、常に四大航空会社の中で最下位である。

なぜか？　「イースタン」という地域限定的な社名のせいで、アメリカンやユナイテッドなどの全国規模の大航空会社とは別物だと思われてしまっているからだ。

繰り返して言う。人は見たいものしか見ない。アメリカン航空やユナイテッド航空で不愉快な経験をしても、客は「そういうことも一度はある」と考える。よいサービスにも例外はある、というわけだ。ところがイースタン航空で不愉快な経験をすると、客は「またか」と思う。「やっぱりこの会社はサービスが悪い」となるのだ。

イースタン航空も努力はしてきた。たとえば、何年も前に大リーグ級のマーケティング専門家を迎え、てこ入れをした。評判を高めようと、どこよりも早く「機体に絵を描き」、「食事の質を高め」、「乗務員の制服をレベルアップした」のも同社だった。また、毎年、業界最大規模の広告予算を組んできた。最近も、七〇〇〇万ドルの年間予算を投じている。

しかし、これだけの投資をしているにもかかわらず、人々の目に映るイースタン航空のイメージは冴えない。なぜか？　実際には、セントルイスやニューオリンズ、アトランタ、デンバー、ロサンゼルス、シアトル、アカプルコ、メキシコシティにも飛んでいるのに、その社名のせいで、ニューヨークやボストン、フィラデルフィア、ワシントン、マイアミなど、東海岸を南北に飛んでいるだけだと思われているからではないか。「人類の翼」などというコピーをつけても、地域性の強い社名であるかぎりは無駄なのだ。客は、地方の航空会社より全国レベルの航空会社を選ぶ。

イースタン航空の問題は、人々の思いこみと現実を切り離すことがいかに難しいかを端的に示している。ベテランのマーケターたちは、「名前のせいじゃない。サービスや食事の内容、荷物の扱い方、それに無愛想な乗務員が原因だ」と言っているが、これもまた「思いこみが現実になった」発言だ。

ピエドモント航空と聞いてうまくいくと思うだろうか？　オザーク航空は？　アルゲニー航空は？　アルゲニー航空は既に白旗をあげ、USエアに生まれ変わった。ノースセントラル航空とサザン航空も経営続行を断念し、リパブリック航空と合併した。改名後はどちらも非常にうまくいっている。

アクロンの双子

オハイオ州アクロンには、同じタイヤ会社で「グッドリッチ」と「グッドイヤー」という似た名前の会社があった。後者のほうがより大きい。調査の結果、グッドリッチがいくら新しいタイヤを開発しても、評価の多くはグッドイヤーのものになってしまうことが判明した。当然ながら、

B・F・グッドリッチは、この問題を認識していた。何年も前の同社の広告には、こうあった。

「ベンジャミン・フランクリン・グッドリッチの呪い。

我が社最大のライバルの名が、たまたま我が社の創立者の名前に似ていた。

これは残酷な運命のいたずらである。

グッドイヤー。グッドリッチ。おそろしく紛らわしい」

この広告の最後はこうだ。

「グッドリッチをお求めなら、グッドリッチを覚えてください」

B・F・グッドリッチは、アメリカ初のスチールベルト付ラジアルタイヤを発売した。しかし数年後、「スチールベルト付ラジアルタイヤを開発したのはどこのメーカーか?」という調査で、五六%の消費者がグッドイヤーと答え、グッドリッチと答えたのは四七%だった。グッドイヤーは同商品を生産していないのに、である。

地元アクロンでは、「グッドリッチが発明し、ファイアストンが改良し、グッドイヤーが売る」と言われている。グッドイヤーのシェアは、毎年、他を引き離している。現在その売上はグッドリッチの三倍だ。富める者がさらに富む。じつに明白だ。

グッドリッチの「我々は、その他大勢ではありません」という広告コピーは、マスコミには好評だったが、タイヤの購入者からはあまり注目されなかった。その名前のせいで、グッドリッチは永遠にライバルの後塵を拝しつづけるのだ。

トレドの三つ子

アクロンの双子が紛らわしいのなら、トレドの三つ子はいわずもがなである。「オーウェンズ・イリノイ」「オーウェンズ・コーニング・ファイバーグラス」「リビー・オーウェンズ・フォード」の三社は、いずれも小さい会社ではない。売上はそれぞれ、三五億ドル、三〇億ドル、一七億五〇〇〇万ドルである。

以下、オーウェンズ・コーニング・ファイバーグラスの視点で、混乱した問題を見てみよう。オーウェンズといえば、たいていの人はイリノイを思い浮かべる。オーウェンズ・イリノイは、オーウェンズという名前と強く結びついているのだ。一方、コーニングといえば、たいていはグラスを思い起こす。ニューヨーク州コーニングの近くには、売上一七億ドルのコーニング・グラスワークスがあるからだ。同社は、コーニングという名とガラスというコンセプトをしっかりと結びつけている。

では、オーウェンズ・ファイバーグラスに残されているのは何か？ ファイバーグラスだ。だからこそ同社は「オーウェンズ・コーニングといえば、ファイバーグラスです」という広告を出しているのだろう。言い換えれば、ファイバーグラスが欲しいなら、オーウェンズ・コーニングを思い出せばいい。

だが、もし同社が「ファイバーグラス・コーポレーション」と社名を変更すれば、ことはずっと簡単になる。ファイバーグラスが欲しければ、大文字で始まるファイバーグラスという社名を思い出すだけで十分だからだ。こうすれば、同社の主要事業に注目を集め、ファイバーグラスという言葉を一般名詞からブランド名に転換することができる。

自分の名前がヒューバートやエルマー、あるいはイースタンやグッドリッチやオーウェンズ・コーニング・ファイバーグラスだったらどうすべきか。改名だ。しかし、ほとんどの企業は、今の名前には捨てるに惜しい資産価値があると信じこんでいる。「顧客も社員も新しい名前を受け入れるはずがないですよ」

ではあなたは、ほんの数年前に社名変更したエクソンの旧社名を思い出せるだろうか？ マーケティング戦略上使っていたエッソでも、ハンブルオイルでもエンジェイでもない。エクソン・コーポレーションの旧社名はスタンダードオイル・オブ・ニュージャージー。わずかな年月と投資で達成できるものの大きさに驚くことだろう。

ダメな名前は不良債権になるのみだ。反対に、名前がよければ業績は上昇する。

コンチネンタルの混乱

売上四六億ドルのコンチネンタル・グループと、四〇億ドルのコンチネンタル・コーポレーションの違いをご存じだろうか？　コンチネンタル・グループは世界一の缶メーカーであり、コンチネンタル・コーポレーションは大手保険会社である。だが、これを知る人は決して多くない。
「ああ、コンチネンタル缶とコンチネンタル保険ね。その会社なら知ってるわ」

これらの企業はなぜ、「缶」や「保険」といった言葉を使わず、「グループ」や「コーポレーション」といった漠然とした言葉を好んでつけるのだろう？　どちらも、缶や保険以外のものも扱っているからだが、意味のない言葉の上にアイデンティティは構築できない。他にもコンチネンタルという名を冠した企業があればなおさらである。ざっとあげるだけでも、「コンチネンタル・オイル」「コンチネンタル・テレフォン」「コンチネンタル・グレイン」「コンチネンタル・イリノイ・コープ」などがある。どれも売上一〇億ドル以上の大企業だ。

電話帳には、コンチネンタルで始まる企業がマンハッタンだけで二三五社もある。上司に「コンチネンタルに電話をしてくれ」と言われた秘書は、いったいどうすればいいのだろう？

10 「イニシャル」にご用心

「LAに行ってくるよ」と、ある役員が言った。「それから、ニューヨークに足を伸ばすよ」。ロサンゼルスはしばしばLAと呼ばれるが、ニューヨークはめったにNYと呼ばれない。「私はGEで二年働き、それからウェスタンユニオンに転職しました」。ゼネラル・エレクトリックはGEと呼ばれるのに、ウェスタンユニオンはめったにWUと呼ばれない。ゼネラル・モーターズはGM、アメリカン・モータースはAMと呼ばれるが、フォード・モーターがFMと呼ばれることはほとんどない。

「音声」の省略表現

じつは、ここには音声の省略表現の法則が働いている。

たとえば、ラジオコーポレーションの音節数は一二。多くの人々が同社をＲＣＡ（三音節）と呼ぶのも当然だ。ゼネラル・エレクトリックの音節数は六。だからたいていの人は二音節のＧＥで呼ぶ。ゼネラル・モーターズはＧＭと言われ、アメリカン・モータースはＡＭと言われるのに、フォード・モーターがＦＭと言われないのは、フォードが一音節しかないからだ。

音声的に短くならない場合は、ほとんどの人がイニシャルを使おうとしない。ニューヨークもＮＹもどちらも二音節。だからＮＹは、表記ではよく使われても会話ではめったに使われない。これに対してＬＡがよく使われるのは、ロサンゼルスが四音節だからだ。

もうひとつ例をあげれば、四音節のサンフランシスコがＳＦと呼ばれないのは、サンフランシスコの省略形として、フリスコという二音節の素晴らしい呼び名が存在しているからだ。ニュージャージーの省略形がＮＪではなくジャージーなのも同じ理由だ。

元の言葉とイニシャルの音声的長さ（音節数）が同じであれば、人は必ずイニシャルではなく元の言葉を使う。

中には、音声的な長さと字面とがかけ離れている場合がある。たとえば、ＷＵはウェスタンユニオンよりも短く見えるが、音声的には同じ四音節だ（英語のアルファベットの発音では、Ｗだけが三音節で、あとはすべて一音節）。

ある企業名を声に出して言ってみると、その企業イメージが違ってくることがある。一般に、企業イメージは視覚中心に構成されているものだが、見た目のイメージはよくても、音声としてよくない社名であるがゆえに、多くの問題を抱えている企業もある。

「視覚」の省略表現

ビジネス人も、同じ罠にはまる。

若きエドマンド・ジェラルド・ブラウンは、ゼネラル・マニュファクチャリング・コーポレーションの役員になるとすぐ、社内文書やメモに「GMCのE・G・ブラウン」と署名するようになったという。だが一般的には、有名になるまではイニシャルは使わないほうがいい。

これは、政治家にはよく知られている事実だ。だからこそ、E・M・ケネディではなくテッド・ケネディ、J・E・カーターではなくジミー・カーターと名乗っているのだ。最近の政治家は、ミドルネームやイニシャルも使わない。ジャック・ケンプ、ゲイリー・ハート、ビル・ブラッドリー、ジョージ・ブッシュ、ロナルド・レーガン……といった具合である。

では、FDRやJFKは？　いったんトップに立ち有名になれば、イニシャルを使ってもあいまいになることはない。フランクリン・デラノ・ルーズベルトもジョン・フィッツジェラルド・ケネディも、有名になったからこそイニシャルを使えるのだ。それまでは使わないことだ。

社名にも注意が必要だ。

紙の節約や効率よくタイプを打つために使いはじめたイニシャル表記は、今や成功の徴とでも言わんばかりに氾濫している。IBM、AT&T、GE、3M……。まるでイニシャル表記の認知度が、「フォーチュン500」(全米大企業五〇〇社ランキング)へのパスポートのようだ。世界に自社の成功を知らしめるのがイニシャル表記であり、だからこそ世間にあふれているというわけだ。

AMインターナショナル、AMAX、AMF、AMP、BOC、CBIインダストリーズ、ITT、LTV、MEI、NCR、NLインダストリーズ、NVF、PPGインダストリーズ、SCM、TRW、それにVF——、いずれも、「フォーチュン500」に名を連ねる大企業だ。一番小さいAMインターナショナルでさえ、近年の年間売上は五億九八〇〇万ドル、従業員一万人である。

次に、「フォーチュン500」の中で、イニシャル名の企業よりも大きい企業をあげてみよう。アルゲニーインターナショナル、アメリカン・モータース、アムスター、ブリストル・マイヤーズ、セラニーズ、クルエット・ピーボディ、コンソリデイテッド・フーズ、データゼネラル、ガンネット、ハートマークス、H・J・ハインツ、ヒューレット・パッカード、インスピレーション・リソーシズ、リーバーブラザーズ、ルイジアナ・ランド&エクスプロレーション、モハスコ、ナショナル・コーポラティブ・リファイナリー・アソシエーション、ノースアメリカン・フィリップス、プロクター&ギャンブル、G・D・サール、ウェアトン・スティール、ウェストモアランド・コール。

イニシャル表記と普通表記、どちらの企業がよく知られているか？　もちろん普通表記の企業だ。ＩＴＴやＮＣＲのようにイニシャル表記でも有名な企業はあるが、ＦＤＲやＪＦＫと同じく、これらはイニシャル表記になる前から有名だった。では、どちらの企業が早く業績を伸ばすだろうか？　これも普通表記の企業である。

この点を検証するために、私たちは「ビジネスウィーク」の購読者リストを使って、普通表記企業とイニシャル表記企業の知名度を調査した。その結果、イニシャル表記企業の知名度は平均四九％、同レベルの普通表記企業の知名度は六八％で一九％も高かった。

それなのに、多くの大企業が自滅行為に走る理由のひとつは、社内メモであまりにもイニシャル表記を見慣れてしまったために、世間でも同じようになじんでいると錯覚してしまうからである。また、ＩＢＭやＧＥなどの成功理由を誤解しているからでもある。

成功への近道はない

イニシャル表記をうまく使いこなすには、ＧＥといえば瞬時にゼネラル・エレクトリックと変換されるような超有名企業でなければならない。つまり、世間がイニシャル表記に反応するようになるためには、まず普通表記の社名が十分浸透することが不可欠だ。

連邦調査局（Federal Bureau of Investigation）や財務省・内国歳入庁（Internal Revenue Service）は非常に有名だ。だからＦＢＩやＩＲＳが通用する。しかし、ＨＵＤと聞いてもピンとこない。住宅都市開発省（Department of Housing and Urban Development）という名称が世間に浸透していないからだ。ＨＵＤが浸透するには、まず住宅都市開発省がもっと認知されなければならない。

同様に、ゼネラル・アニライン＆フィルムもあまり知られた企業ではない。それなのにＧＡＦを正規名称にしてしまったことで、有名になる道は確実に遠のいた。消費者はもはや元の社名を知ることもできない。

イニシャル社名をつけたがっている多くの企業は、消費者の頭の中に自社のポジションを築くというプロセスに考えが及んでいない。そうやって、彼らは流行の犠牲になっていく。

イニシャル社名が今の流行であることは疑いない。

ＲＣＡがラジオ・コーポレーション・オブ・アメリカの略であることは、誰もが知っている。だからイニシャル社名を使っても、消費者の頭の中の奥底に埋めこまれた「ラジオ・コーポレーション・オブ・アメリカ」という社名を引っ張り出せる。ＲＣＡを正式名称にした同社は、何百万人もの人々の頭の中に元の社名が記憶されているかぎり、つまり今後一〇年ほどは安泰だろう。

だが、次の世代にはどう思われるか？　ＲＣＡなどという奇妙なイニシャルを見て、彼らはどう思うだろう？「Roman Catholic Archdiocese（教会大司教区）の略語？」

ポジショニングは、人生設計と同じく長期計画だ。社名変更の結果は、何年も経たないと現れないのである。

頭脳は聴覚に反応する

社名選びで間違いを犯してしまう最大の原因は、役員たちが書類の海の中で生活しているせいだ。手紙、メモ、報告書。コピーの海の中を泳いでいると、頭脳が聴覚に左右されることを忘れがちだ。だが言葉を発するとき、私たちはまず文字を音に置き換える。覚えたての言葉を読むときに唇を動かすのもそのせいだ。

子どもはまず「話せる」ようになり、それから「読む」ことを学ぶ。読むことを覚えたての子どもたちは、大きな声でゆっくりと懸命に言葉を発音し、頭の中に音として蓄積された言葉と、文字として書かれた言葉とを結びつけていく。成長するにつれて音声言語を即座に文字に置き換えられるようになるので、脳の中でこうした置き換え作業が起こっていることすら気づかないだけだ。

学習の八〇%は視覚を通して行われるといわれる。確かにそのとおりだが、読むという行為は、学習プロセスの一部でしかない。学習の多くは、従来的な意味での読む行為とはまったく関係のない視覚表現を通して行われる。たとえば、私たちは誰かの感情を知るために、ボディ・ランゲージを「読む」。

言葉が読まれる場合、その文字は脳内で視覚と言語の変換器によって聴覚に変わるまでは理解されない。同様に音楽家は、譜面を読んでいるとき、頭の中でまるで誰かが楽器でその曲を演奏しているかのように、その音を「聴いている」。

ためしに、声に出さずに一篇の詩を読んで暗記してみてほしい。声に出す、すなわち聴覚を使ったほうがずっと暗記しやすいことがわかるだろう。だからこそ、名前や見出し、スローガンやテーマといったものは、耳にも訴求力がなければならないのである。たとえそれが印刷媒体のみに使用されるものであっても、だ。

ヒューバートやエルマーが悪い名前だとわかっていた人は、これらの名前を音声に置き換えてみたにちがいない。なぜなら、ヒューバートもエルマーも字面は悪くないからだ。問題は、ひとえにその音にある。

ラジオより印刷メディア（新聞、雑誌、屋外広告）のほうが重視されているのは、ある意味で残念なことだ。ラジオこそ、真に重要なメディアである。一方の印刷メディアは、高度な抽象作用を必要とするメディアである。どんな広告でも、先にラジオ広告のつもりでつくれば、印刷されたメッセージはもっとよく「人々の耳に届く」はずだ。しかし、通常は逆のパターンになっている。まず印刷メディア向け、それから放送メディア向けに広告を制作している。

時代遅れの社名とは？

企業が社名をイニシャルに変える理由のひとつに、「社名が時代遅れになったから」というものがある。たとえばRCAなら、「ラジオ以外の商品もたくさん販売するようになったから」というわけだ。

コングロマリットになり、しかも元の靴製造機業が輸入品に押されていたユナイテッド・シュー・マシナリーも、楽な逃げ道をとった。社名をUSMコーポレーションに変えたのだ。以来、同社は名なし同然になった。

スミス・コロナ・マーチャントも、企業としてのアイデンティティを失った。合併を繰り返し、コロナともマーチャントとも関係なくなった同社は、社名をSCMに短縮した。

おそらく、USMもSCMも、時代遅れになったアイデンティティから逃れるべく変化をめざしたのだろう。だが実際には正反対の結果になった。人々の頭脳は、ユナイテッド・シュー・マシナリーという名前を無意識から引っ張り出せなければ、USMを覚えられない。RCAやUSMやSCMは、まだましだ。イニシャル社名によって、少なくとも音声的には名前を短縮できたからだ。イニシャル名にして、なおかつ音声的にも短縮できなければ悲惨である。

コーン・プロダクツ・カンパニーは、CPCインターナショナルへ社名変更したが、新社名はほとんど浸透しなかった。CPCもコーン・プロダクツも音節は三つ。社名変更前から、CPCというイニシャルはめったに使われていなかった。同じ業界で働く人に、CPCインターナショナルという社名を知っているか聞いてみるといい。「ああ、コーン・プロダクツ・カンパニーのことね」という答えが返ってくるだろう。

イニシャル使用が好きなこの社会でも、最初に出る質問は「そのイニシャルは何の略?」である。頭脳は、AT&Tという文字を見ると、「ああ、アメリカン・テレフォン&テレグラフね」と思う。では、TRWなら? もちろん、多くの人がトムソン・ラモ・ウールドリッジ・コーポレーションという社名を思い出すはずだ。TRWは売上六〇億ドルの企業であり、マスコミにもよく登場する。広告出稿量も多い。だが、同社がイニシャルではない社名を使っていたら、多大な広告費はもっと効果を上げたのではないだろうか?

社名変更をするな、と言っているわけではない。その正反対だ。諸行無常、時代は変わる。どんな商品も、いつかは時代遅れになり、市場が生まれては消えていく。そして、しばしば必然的に企業合併が起こる。このときこそ、社名変更をすべきときである。

USラバーは世界的ゴムメーカーであり、多種多様なゴム製品を売り出している。

イートン・イェール&タウンは企業合併で誕生した大企業であり、社名もややこしい。

ソコニー・モービルは、元はスタンダード・オイル・カンパニー・オブ・ニューヨークという社名だった。

これらの企業は、「過去を捨てる」手法によって新しくて現代的なコーポレート・アイデンティティを生みだした。それぞれ、ユニロイヤル、イートン、モービルに生まれ変わった各企業のマーケティング上の利点は明らかである。いずれの企業も上手に過去を葬り去り、未来に向かって自社をポジショニングしたのだ。

原因と結果の混乱

いくつもの欠点があるにもかかわらず、企業は火に入る夏の虫のごとくイニシャル社名に魅了される。そして、イニシャル社名の効果の証として、すぐにＩＢＭを持ち出す。だが、これこそまさに原因と結果を混乱した典型例である。

インターナショナル・ビジネス・マシーンズはとてつもない成功を収めて有名になったからこそ（原因）、イニシャル社名でも誰もが認識できるようになった（結果）。ごくささやかに成功している企業がイニシャル社名を使っても（原因）、大成功を収めたり有名になったりする（結果）とはかぎらない。リムジンや社用ジェットを購入すれば、儲かって有名になれるわけではないのと同じだ。

イニシャル社名の流行は、何が何でも認知されたいという欲望を反映している。また、経営者の間にはびこる「サル真似思考」の表れでもある。IBMが成功すると、ワープロの競合他社は、こぞってCPTやNBIといったイニシャル社名を使いはじめた。AT&Tが成功すると、長距離電話サービスのライバルがMCIというイニシャル社名を使いだした。

パン・アメリカン・エアラインズ（七音節）は、音声的には長い社名だ。だから同社は二音節のパンナムに社名変更をした。PAAという覚えにくいイニシャル社名よりずっといい。

トランス・ワールド・エアラインズ（四音節）は、イニシャル社名のTWA（五音節）のほうが音声的に長かった。それでもTWAが浸透しているのは、七億ドルを広告費に投入したおかげである。同社の広告費は、より規模の大きいアメリカン航空やユナイテッド航空と同程度であるが、調査によれば、同社をひいきにしている顧客は他の二社の半分である。TWAというイニシャル社名の非効率性も一因だろう。

では、トランス・ワールド・エアラインズはどんな社名にすべきだったか？ もちろん「トランス・ワールド」だ。わずか二音節しかないし、見た目もすっきり短くてよい。

頭字語と電話帳

中には幸運な企業もある。故意にせよ偶然にせよ、イニシャル社名が頭字語（いくつかの語句の頭文字を並べ、ひとつの単語のように発音する語）になるケースだ。フィアット（Federation

International Automobiles Torino）やサベナ（Société Anoyme Belge d'Exploitation de la Navigation Aerienne）などが、これにあたる。

だがそれほど幸運ではない企業もある。ゼネラル・アニライン&フィルムはＧＡＦに社名変更したが、それが「ぶざまな失敗（gaffe）」と似た発音であることには見て見ぬふりを決めこんだ。ぶざまな失敗に終わった頭字語社名は、他にもたくさんある。

もうひとつ、社名を選ぶ際に見落としがちなポイントに、「電話帳での調べやすさ」がある。ＭＣＩを例にとろう。マンハッタンの電話帳を開けば、ＭＣＩはマクヒュー（McHugh）とマッケンジー（McKensie）の間あたりにあると思っていないだろうか。しかしそうではない。ＭＣＩテレコミュニケーションズは、そこから四八ページも離れたところで、ＭＣＩという名を冠した他の七社としのぎを削っている。アルファベット順による名称リストの基本ルールに従って、電話帳ではイニシャル社名はすべて巻頭にまとめられているからである。

ではＵＳＭは？　マンハッタンの電話帳には、ＵＳで始まる名前が七ページにわたっている。ＵＳＭはＵＳラゲージ&レザー・プロダクツとＵＳニューズ&ワールドの間あたりにあると思われるだろう。だが、それもはずれだ。後の二社はＵＳを短縮する前の「United States」のところにあるが、ＵＳＭのＵＳには意味がないから、やはり巻頭の「純粋な」イニシャル名リストに入れられている。

時代遅れな名前を背負わされている企業はたくさんあるが、無意味なイニシャル社名にする前に、自分たちのめざす事業に役立つ他の名前がないか、よく考えてみてほしい。社名がよければ、ポジショニングはずっと楽になるのだから。

11 「ただ乗り」は失敗の元

風邪薬の「アルカセルツァー・プラス」は、いかにしてこの名を得たか？

ドリスタンとコンタックに対抗する新たな風邪薬の名前をめぐって、男たちが会議室のテーブルを囲んでいる。

「そうだ、アルカセルツァー・プラスにしよう。アルカセルツァー・ブランドの宣伝には毎年二〇〇〇万ドルも使っているんだから、便乗すればいいじゃないか」とハリーが提案した。

「それはいい考えだ」。提案は、またたく間に承認された。

経費を節減できるアイディアは、たいていの場合すんなり承認されるものだ。

しかし――。この新商品は、ドリスタンやコンタックのシェアではなく、アルカセルツァーのシェアを食い荒らしてしまった。

そこでメーカーは、アルカセルツァー・プラスのラベルデザインを刷新した。「アルカセルツァー」という文字が小さくなるのに反比例して、「プラス」という文字が大きくなった。もうおわかりだろう。新商品名は、「ブロモセルツァー・プラス」にすべきだったのだ。そうすれば、自社商品間の競争を避けることができたはずだ。

二つの異なる戦略

かつては、どの企業もひとつのラインに専門化していた。スタンダード・オイル、USスティール、USラバー、ユナイテッド航空、ペンシルヴァニア鉄道……といった具合に、社名がそれを語っている。

だが技術革新が進むと、企業が新分野へ分化しはじめ、コングロマリットの時代になった。コングロマリット、それは何ひとつ専門のない企業体である。開発と買収によって、金になりそうな分野だと思えばどんどん進出していく。たとえばGE。同社は、ジェットエンジンから原子力発電所、プラスチックまで、何でもつくるメーカーだ。

多くの人は、「企業は本業にとどまるべきだ」とコングロマリットを批判する。だが、コングロマリットが投入する資本のおかげで、市場が活性化されてきたのも事実である。もしコングロマリットがなければ、アメリカ市場は半ば独占状態に陥っていただろう。

コングロマリットは、買収して拡大成長するときにも、市場の成長と競争維持に必要な資金を提供する。そうしなければ、創立者が引退したり死去したときに多大な税金が課せられ、シェアを維持できなくなるからだ。

企業は、社内での商品開発と社外での買収という二つの異なる戦略によって成長する。そのどちらの戦略を重視するかによって、社名や商品名の選択方法も変化する。

商品開発によって発展してきた企業は、商品名に自社の名を冠することが多い。GEは、こちらのタイプの企業だ。一方、買収で既存の商品を手にした企業は、たいてい元の社名をそのまま使う。たとえば、RCAは買収後もハーツという名前を残しているし、ITTもエイビスの名を残している。

だが、例外もある。スペリーランドは、自社で発展させたコンピュータラインの商品名をユニヴァックとした。買収でコンピュータ事業を手に入れたゼロックスは、サイエンティフィック・データ・システムズをゼロックス・データ・システムズと社名変更した。

企業はどんな場合に元の名前を用い、どんな場合に新たな名前をつけるべきなのか？　実際には、企業のエゴが大きくものをいうのが実状だ。GEに「新商品にGEの名をつけないほうがいい」と進言すれば、企業エゴのすさまじさをたちどころに理解できるだろう。

「新商品には新名称」が鉄則

社名を使わず別の名前にした場合の利点を示すために、コルゲート・パーモリブとP&Gの戦略を比較してみよう。

コルゲート・パーモリブには、自社名を冠した商品が多い。「コルゲート歯磨き」「コルゲート歯ブラシ」「パーモリブ・ラピッドシェーブ」「パーモリブ石鹸」などがそうだ。

一方、P&Gのラインナップに社名は見あたらない。同社は各商品を注意深くポジショニングし、消費者の頭の中の隙間《ニッチ》に絶妙な位置を占めている。洗剤でいえば、タイドは洋服を「白く」、チアーズは「さらに白く」、そしてボールドは「鮮やか」に洗い上げる。P&Gのほうがコルゲートよりもブランド数が少ない。しかし売上は二倍、利益は五倍だ。

広告業界は、P&Gの広告は野暮ったいと笑いものにしているが、全米の広告会社六〇〇〇社の売上総計よりもP&Gの売上のほうが多いのは、興味深いことである。

せっかく斬新な新商品が完成したのに、知名度が高いからというだけで既製品の名を用いるのは間違いだ。知名度の高い名前は、人々の頭の中に既に何らかのポジションを築いている。非常によく知られた名前なら、人々の頭の中のはしごの最上段にあるはずだ。

もし新商品を成功させたいなら、新しいはしごを持ちこむ必要がある。新しいはしごと新しい名前——じつに単純だ。しかし、知名度の高い名前を使えという圧力は甚大だ。「誰もが我が社を知っているのだから、社名を冠したほうが新商品も受け入れられやすいはずだ」。この拡大解釈の論理は圧倒的な力で迫り、反論は困難を極めることとなる。

それでも、歴史を振り返れば幻想は崩れ去る。

ゼロックスは約一〇億ドルを投じ、サイエンティフィック・データ・システムズを買収した。利益率が高いうえに、素晴らしい社名を持った企業である。だが、その後ゼロックスは何を血迷ったか、社名をゼロックス・データ・システムズに変更した。

なぜか？　ゼロックスのほうが知名度の高い、よい名前だと思ったからだ。加えて、ゼロックスはマーケティングに強いという神話もあった。企業社会のシンデレラ、ゼロックスが間違いを犯すはずなどないと思われたのだ。

シーソーの原則

この間違いの元は、消費者の頭の働きを考察することで見えてくる。

そこにあるのは「シーソーの原則」だ。二つの異なる商品に同じ名前はつけられない。片方の売上が上がれば、もう片方が下がる。

ゼロックスといえばコピー機であり、コンピュータではない。もちろん、ゼロックスだってそのくらいはわかっていた。だからこそ、コンピュータの広告のメインコピーを「このゼロックス機ではコピーはとれません」としたのだ。だが、コピーのとれないゼロックス機が失敗への道を突き進んだことは周知のとおりである。コンピュータ事業から手を引いた際の赤字額は、八四四〇万ドルだった。

かつて、「ハインツといえばピクルス」だった。ピクルスというポジションを得た同社は、業界最大のシェアを有していた。その後、今度はケチャップにハインツの名前を冠し、「ハインツといえばケチャップ」になった。またも大成功を収めた同社は、ケチャップのナンバー1ブランドとなった。

しかしシーソーの片側では、ピクルス市場トップの座をヴラシックに奪われていた。

ゼロックスがコンピュータで成功するには、「ゼロックスといえばコンピュータ」というイメージを定着させることが不可欠だった。だが、コピー機にポジショニングしているゼロックスに、そんなことをする意味があるのか？　売上のほとんどはコピー機事業で稼いでいるのに――。

ゼロックスとは単なる名前以上のもの、すなわちポジションそのものである。クリネックスやハーツ、キャデラックと同様に、ゼロックスという名もまた、素晴らしく長期的な価値のあるポジションを示している。誰かに奪われるならまだしも、自分で自分のポジションを奪おうとするのは悲劇である（ゼロックスのポジショニングについては、14章も参照）。

「無名」は「資源」なり

企業が名前のただ乗りを繰り返すのは、無名であることを過小評価しているからでもある。政治においても、マーケティングにおいても、人生においても、無名であることは資源である。ただしその資源は、宣伝を行って有名になると、あっという間に尽きてしまう。

政界には、「無名の人は有名人に勝てない」という格言があるが、今日では通用しない。ゲイリー・ハートのような無名の人が急速に出世したのは、政界のゲームが変化している証左である。

メディアは常に、新しくて、今までにない、フレッシュな顔を求めている。メディアを相手にするなら、準備ができるまで自分の無名性を大切にとっておくことだ。そして、いったん準備ができたら、可能なかぎり大きく名前を売り出す。その目的は宣伝ではなく、消費者の頭の中にポジションを築くことである。これだけは忘れてはならない。

無名の商品を持つ無名の企業は、定評のある商品を持つ有名企業よりも、ずっと大きな宣伝効果が得られる。かつてアンディ・ウォーホールは、次のように予言した。

「将来、誰もが一五分だけ有名人になる」

その一五分間がめぐってきたら、一秒たりとも無駄にせず最大限に活用することだ。

12 ライン拡大は企業を弱体化させる

過去一〇年間のマーケティング史における最重要トレンドはただひとつ、ライン拡大である。ライン拡大とは、定評のある商品の名前を新しい商品にも活用することであり、ただ乗りの罠の行き着く先である。

「ダイアル石鹸」と「ダイアル・デオドラント」

「ライフセイバー・キャンディ」と「ライフセイバー・ガム」

「クリネックス・ティシュー」と「クリネックス・ペーパータオル」

ライン拡大は、広告・マーケティング業界を席巻している。確かに、経済性や業界・消費者にとっての受け入れやすさ、広告費の節減、企業のイメージアップなどから考えれば、ライン拡大は理にかなっている。しかし、これをもって「ライン拡大は正しい」と思ったら大間違いだ。

「内から外へ」の発想

ライン拡大は、明晰だが頭の固い「内から外への発想」から生まれてくる。

「我が社は、固形石鹸市場で最大シェアを誇る『ダイアル石鹸』のメーカーなのだから、新商品の制汗剤も『ダイアル・デオドラント』とすればいい。消費者が一目で我が社の商品だとわかるようにしておけば、高品質だと思ってくれるはずだ」。つまり、「ダイアル石鹸の顧客は、ダイアル・デオドラントを買う」と踏んでいるわけだ。

しかし、この戦略は失敗に終わった。

アスピリンを「発明」し、鎮痛剤のトップブランドとして長年市場に君臨してきたバイエルは、タイレノールの「反アスピリン」戦略を見て、自社のアセトアミノフェン製剤に「バイエル非アスピリン系鎮痛剤」と名づけて売り出した。バイエルは頭痛薬のトップブランドなのだから、こうすればタイレノールや他社のアセトアミノフェン製剤の購入者をも取りこめると考えたのだ。

しかし、これも失敗した。

石鹸市場におけるダイアルのシェアは大きいが、デオドラント市場のそれは非常に小さい。バイエルも、アセトアミノフェン製剤市場ではわずかなシェアしかない。

「外から内へ」の発想

ライン拡大を、消費者の側からとらえ直してみよう。

ダイアルもバイエルも、消費者の頭の中にしっかりとポジショニングしている。ポジショニングとは、つまるところ「ブランド名が、ある一般名詞の代用として使われるようになる」ことである。

「バイエルはどこにありますか?」

「ダイアルを取ってください」

ポジションが確立されるほど、こうした代用が頻繁になる。「ファイバーグラス」「クリネックス」「バンドエイド」のように、ブランド名が実際に一般名詞になった例もある。

もちろん、一般名詞化したブランド名には、きわどい部分もある。気をつけないと、一般名詞と見なされて商標を取りあげられる可能性もあるからだ。

しかし、コミュニケーションという視点から見れば、一般名詞化したブランド名は極めて効率的だ。ひとつの単語で二つの役割を果たすこうしたブランド名を手にしていれば、もはやブランドそのものの宣伝は必要なく、ひたすら市場拡大のための宣伝に専念できる。

だがライン拡大をしてしまうと、せっかく消費者の頭の中に明確に刻まれていたブランドイメージがぼやけてしまう。消費者から見れば、ライン拡大は一般名詞化したブランドのポジションと衝突するのである。

言ってみればライン拡大とは、それまでアスピリンを買うときに「バイエルをください」と言っていた人々に、「バイエルというのは、ただのブランド名ですよ」とわざわざ教えるようなものである。バイエルがアスピリンの代名詞であるという錯覚を打ち砕いてしまうのだ。同じように、ダイアルといえばデオドラント石鹸の代名詞だったのに、ライン拡大をすることで、デオドラント石鹸のブランド名のひとつとして認識されるようになってしまうのである。

JCペニー対ダイハードの勝者は？

商品名とは、消費者が商品特性を思い起こすためのきっかけとなるべきものだ。消費者の頭の中に入りこむのは、商品そのものではなく、「商品名」である。

有名百貨店のシアーズは、四年も長持ちする自動車用バッテリーに「ダイハード（「なかなかへたらない」の意）」という名前をつけた。長持ちするという特性を的確に言い表したネーミングだった。だが、別の有名百貨店JCペニーは、水のいらないバッテリーに「JCペニーバッテリー」と名づけてしまった。これでは少しも商品特性を思い起こせない。

商品名とは、ナイフの先端のようなものである。頭の中に切りこみ、メッセージを貫通させる。適正な名前をつければ、その商品は消費者の頭の中の穴を埋め、そこにとどまりつづける。

前述した「内から外へ」の発想を思い起こせば、ＪＣペニーの失策の理由は簡単にわかる。「我が社は名前も評判も広く知れわたっている。社名を冠しておけば、我が社の商品であることは一目瞭然、品質も信用してくれるという寸法だ」。これに、「ＪＣペニーと名づけておけば、買える店だってすぐわかる」という発想がとどめを刺す。

しかし立場を変えてみれば、こんな商品名に意味がないことは明らかだ。メーカーの思惑と消費者の心は大きくずれている。消費者は商品単位で考える。頭の中にある「バッテリー市場のはしご」の最上段にダイハードを置き、ＪＣペニーはずっと下の段にあるのも当然だ。

一方のダイハードにも、シアーズで売られているということがわかりにくいという不利はある。だが消費者の頭の中にポジションを確立するのが先決だ。販売店の問題は後で取り組めばいい。

名前を見る二つの方法

消費者とメーカーのものの見方は、完全に乖離《かいり》している。

アトランタのコカ・コーラ関係者にとって、「コカ・コーラ」とは、企業、ブランド、組織、あるいは素晴らしい職場を意味する。だが消費者にとってコカ・コーラといえば、褐色の甘い炭酸飲料以外の何ものでもない。「コカ・コーラという名の企業がつくった飲料」ではないのだ。

同様に、バイエルといえば、ビンに入ったアスピリン錠剤のことであり、「バイエルという名の会社がつくった薬」ではない。ちなみに、この錠剤のメーカー名は、言うまでもなくバイエルではなくスターリング製薬だ。

商品そのものとの一体化、これこそ一般名詞化したブランド名の強みである。消費者の頭の中では、バイエルはアスピリンであり、その他は全部「バイエルのまがいもの」である。人の頭脳は、最初にイメージを確立した商品を別格扱いし、他はオリジナルに比べてどこかしら劣るものだと思いこむ傾向がある。これを最大限に利用しているのが、コカ・コーラの宣伝文句「ザ・リアル・シング」である。

もしコークやクリネックスやバイエルが手に入らず、他のブランドがうんと安ければ、消費者はそれを買うかもしれない。だがそれでも、バイエルのポジションが揺らぐことはない。しかし、「バイエルの非アスピリン製剤」を買いませんかと勧められたら？　バイエルといえばアスピリンのはずなのに、非アスピリン製剤とはどういうこと？　「バイエル持続放出型アスピリン」も「バイエル鼻炎風邪薬」も、バイエルから派生したライン拡大商品はどれも、バイエルブランドが築いてきたポジションの土台を切り崩している。

ご想像のとおり、鎮痛剤市場におけるバイエルの総シェアは低迷を続けている。

「プロテイン21」の悲劇

ライン拡大の罠の代表例に、シャンプーの「プロテイン21」がある。

何年も前、メンネンはシャンプーとコンディショナーを一体化したプロテイン21という商品を売り出し、またたく間にシャンプー市場のシェア一三％を獲得した。

しかし、急速な成功を続ける中でライン拡大の誘惑に駆られた同社は、次に「プロテイン21ヘアスプレー」のレギュラーとエクストラホールド、それに香料入りと無香とを発売した。それから、「プロテイン21コンディショナー」と「プロテイン21濃縮エッセンス」、さらには、ヘアケア商品を制覇すると言わんばかりに、男性向けの「プロテイン29」も発売した。

プロテイン21のシェアが一三％から二％に落ちたのも当然だ。凋落は今後も続くだろう。

それでも、信じられないことに、今もさまざまな分野でライン拡大商品が跋扈《ばっこ》している。

スコットの弱点

スコットといえば、ペーパータオル、ナプキン、トイレットペーパーなど、一〇億ドルの一般消費者向け紙製品市場トップに輝くブランドだ。だがこのブランドは、じつは同社が強いと思いこんでいる分野で弱い。

「スコットタオル」「スコッティシュー」「スコッティー」「スコットキン」、それに「ベイビースコット紙おむつ」――、これらの商品名が、スコットというブランドの土台を切り崩しているのだ。スコットの名を冠した商品が増えるたびに、一般消費者の頭の中にあるスコットブランドが薄れている。

かつて、スコットティシューはトイレットペーパー市場のナンバー1ブランドだった。しかし、P&Gの「チャーミン」が、あのCMキャラクター「ミスター・ホイップル」とともに攻勢をかけた結果、今や二位に甘んじている。

スコットは、市場で大きなシェアを獲得してはいたが、ポジショニングが不十分だった。重要なのは、市場のシェアより消費者の頭の中のシェアだ。人々は買い物リストに「チャーミン、クリネックス、パンパース」と書く。そう書けば何を買いたいのか誰にでもはっきりわかる。だが「スコット」と書いても何のことだかさっぱりわからない。スコッティーとスコットティシューのどっちが鼻をかむための紙だったか、思い出せないのである。

ポジショニング戦略から見れば、スコットというブランド名はどっちつかずで、どの商品のしごにもはまっていないことになる。スコットも、この誤りに気づきはじめたようだ。ペーパータオルの「ビバ」やトイレットペーパーの「コットネル」は成功している。

ライフセイバーの勘違い

「ライフセイバー・ガム」も、ライン拡大で失敗した。

繰り返すが、理屈から見ればライン拡大は正しい。「ニューヨーク・タイムズ」のある記事で、ライフセイバーの副社長が戦略を語っている。「既にある強力なブランド名を同様の特性を持つ新商品にも使うことで、成功率は高くなると確信しています」。そしてこう続く。「我が社の顧客調査によれば、ライフセイバーというブランド名は、『穴の開いたキャンディ』だけを指しているわけではなかった。その名は、素晴らしい味、傑出した価値、信頼できる品質をも意味していたのです」

本当だろうか。「素晴らしい味、傑出した価値、信頼できる品質のブランドは？」と尋ねて、何人が「ライフセイバー」と答えるだろうか？　一人もいまい。代わりに、「穴の開いたキャンディといえば？」と聞けば、多くの人が「ライフセイバー」と答えるだろう。

結局、ライフセイバー・ガムは、市場の数％すら獲得できず、ひっそりと販売中止になった。今や幻の商品だ。同社のテレビCMのとおり、消費者は「素晴らしい商品だけど、穴は開いてないの？」と思ったのだ。もちろん、ガムに穴はない。穴だらけだったのは、マーケティング戦略のほうだった。

しかし皮肉なことに、同社は風船ガムでは大成功を収めている。そのガムの名は「ライフセイバー風船ガム」ならぬ「バブルヤム」。ソフトタイプの風船ガム第一号である。一番乗りの優位性とライン拡大ではないネーミングで成功したのだ。

バブルヤムは破竹の勢いで成長し、売上では既にライフセイバー・キャンディを抜いた。将来的には、風船ガム市場のみならず、ガム市場全体でもトップになる可能性が高い。

エバレディの出遅れ

新技術が登場すると、多くの企業が荒海に投げ出されたような気持ちになる。

電池の主な用途が懐中電灯だった頃、市場を支配していたのは、ユニオンカーバイドの「エバレディ」だった。だがその後、トランジスタ、テープレコーダー、ラジオなど多様な商品が次々に登場し、より持続力の高いアルカリ電池の時代になると、状況は変わった。

P・R・マロリーが、この機に乗じ、黒とゴールドが目印のアルカリ電池「デュラセル」を発売した当初、ユニオンカーバイドは、この新商品名を馬鹿にした。「電池業界最高の名は、我が社のものだ」と。

しかしそう言いつつ、デュラセルを真似た黒とゴールドの電池を発売した。その電池には、「アルカリ電池」という表示が、エバレディのマークより目立つようにデザインされていた。「デュラセル」は、太字で大きく「デュラセル」と書いてあるだけ。デュラセルといえばアルカリ電池なのだから、わざわざ明記する必要がなかったのだ。ブランド名を商品の一般名詞と同化させてしまえば、消費者は一般名詞の代わりにブランド名を口にするようになる。

結局、ユニオンカーバイドは負けを認め、デュラセルの戦略を真似るようになった。エバレディのアルカリ電池は「エナジャイザー」と改名し、現在はデュラセルを相手に健闘している。

一〇〇ミリの失敗作

あなたは、史上初の一〇〇ミリタバコが何かをご存じだろうか？

たぶん、「ベンソン＆ヘッジズ」だと思うだろう。このタバコは、最も知名度が高く、史上最大の売上を記録した。「ベンソン＆ヘッジズは長くて不都合」という広告キャンペーンで、その名を愛煙家の心に刻みこんだことで知られている。だからたいていの人は、一〇〇ミリタバコを発明したのはベンソン＆ヘッジズだと思っている。

だがじつは、真の発明者はポール・モール・ゴールドである。この事実がほとんど知られていないのは、同社がライン拡大の罠にはまっていたところにベンソン＆ヘッジズが登場し、「ロング」というポジションを先に取られてしまったからだ。

チャンスを逃したポール・モールは、その後どうしたか？　ライン拡大をあきらめた？　いや、あきらめなかった。同社は今も「ポール・モール・メンソール」「ポール・モール・エクストラマイルド」「ポール・モール・ライト100」といった商品を販売している。おかげでブランドイメージは混乱し、売上は低迷しつづけている。

メーカーに言わせれば、「クールやセーラムといったメンソールタバコはどんどんシェアを伸ばしている。我が社もメンソールタバコを売り出せば、必ずやシェアを獲得できるはずだ」となる。だが現実の売上は、クールの七%にも届かなかった。

一九六四年当時、ポール・モールは全米一のタバコブランドだったが、翌六五年に初のライン拡大を開始した結果、売上は二位に転落した。以来、全米タバコ市場における同社のシェアは低下の一途をたどっている。一九六四年には一四・四%だったシェアは、現在三・八%である。

今日、品揃えの豊富なタバコ店は、ゆうに一〇〇を超えるブランド（ライン拡大商品も含めて）を揃えている。そしてタバコ業界には、およそ一七五のブランドがひしめき合っている。タバコ業界の二大ブランド、マルボロとウィンストンも、ずいぶん前からライン拡大に乗り出し、ライト、一〇〇ミリ、メンソールを発売している。これらのブランドもポール・モールの轍《てつ》を踏むのか？　おそらくそうだろう。

そもそも、この市場にリーダーをめざしているブランドはあるのだろうか？　大手タバコブランドのほぼすべてがライン拡大を行い、自ら没落に向かっている。

コーン油の元祖は？

あなたは、史上初のコーン油マーガリンが何かをご存じだろうか？

フレイシュマンは、コーン油マーガリンの最大ブランドだが史上初ではない。最初にコーン油マーガリンをつくったのは、マゾーラだ。しかしこのブランドもまた、ライン拡大で道を誤った。

マゾーラは、もともと液体コーン油のトップブランドだった。そこで、マゾーラ製のコーン油マーガリンを「マゾーラ・コーン油マーガリン」と名づけた。その結果、凋落の歴史が続いたというわけだ。

現在、この分野のナンバー1ブランドはフレイシュマンだ。だが同社のマーガリンも、じつは「フレイシュマン・イースト」という商品から派生したもので、厳密に言えばライン拡大から生まれたものだった。ただ、幸運にも今や自分でパンを焼く人が激減したおかげで、誰も元の名前を覚えていない。

他にも、フレイシュマンの名でジンやウォッカ、ウィスキーも発売しているが、酒類商品とマーガリンの間には心理的距離があるため、混乱は最小限にとどまっている（キャデラック・ドッグフードをつくっているのはGMである、という事実を信じる人がまずいないのと同じだ）。

コーヒーカップをめぐる戦争

インスタントコーヒー業界でも、チャンスを逃す物語が展開された。

現在、この業界の最大ブランドはテイスターズ・チョイスだが、最初にインスタントコーヒーをつくったのはマキシムだった。では、なぜマキシムがナンバー1ブランドではないのか？

ゼネラルフーズは、かつて「マクスウェル・ハウス」というブランド名のコーヒーで市場を支配していた。その会社がフリーズドライ製法によるインスタントコーヒーを発明したのだから、誰もが「これでさらなるシェア拡大か」と思った。

だがそれは、ライバル他社に吉報となっただけだった。ゼネラルフーズは、その新商品に、マクスウェル・ハウスを元にした「マキシム」という名をつけたために、たちまち弱体化した。マキシムとマクスウェルでは紛らわしい。それに、マキシムという単語自体には、何の具体的意味もなかった。

そこへ登場したのが、ネスレの「テイスターズ・チョイス」だった。

命名の絶妙さもさることながら、広告もまた完璧に近かった。「煎りたて、挽きたての味」。このコピーで、同社はインスタントコーヒーのイメージを一気にドリップコーヒーのレベルにまで高めた。

テイスターズ・チョイスは、コーヒーカップをめぐる戦争で大勝利を収めた。ゼネラルフーズが一番乗りしたにもかかわらず、テイスターズ・チョイスの売上はマキシムの二倍である。

移り気な指先事件

ハンドローション業界にも、チャンスを逃す物語があった。「移り気な指先事件」と呼ばれるこの物語の最初に登場するのは、業界のシェアを支配していたナンバー1ブランド、ジャーゲンズだ。

ジャーゲンズは、リキッドローション全盛時代に、クリーミーなローション「ジャーゲンズ・エクストラドライ」を発売した。これは、技術的には非常に画期的な商品だった。だが消費者には名前が紛らわしく、旧商品との見分けがつかなかった。

そこへ戦争が勃発した。チェズボロー・ポンズが「インテンシブケア」を発売したのだ。クリーミーなローションにぴったりのこの名前は、消費者の頭の中にしっかりと刻みこまれ、爆発的に売れた。

もちろん、ジャーゲンズは状況を把握し、「ダイレクトエイド」というブランドで反撃に出た。だが遅かった。勝利は完全にインテンシブケアのものだった。この商品は現在もナンバー1ブランドで、売上は「ジャーゲンズ」「ジャーゲンズ・エクストラドライ」「ダイレクトエイド」の売上総計を上まわっている。

しかし、である。このブランドの本当の名は「ヴァセリン・インテンシブケア」、つまりライン拡大商品ではなかったか？　確かにそうだ。だが、消費者はインテンシブケアと呼び、ヴァセリンとは呼ばない。消費者の頭の中では、ヴァセリンといえば石油由来のゼリーであり、インテンシブケアといえばハンドローションなのである。

ライン拡大は「逆」にチャンスあり

ライン拡大はたいていが誤りだが、逆を行けばうまくいく可能性がある。これを「基盤拡大」と言う。最もよい例が、「ジョンソン・ベビーシャンプー」だ。「赤ちゃんに使う＝マイルド成分」という点を成人にアピールすることで、ベビーシャンプーが成人用シャンプー市場のトップになった。

この戦略の最大の特徴は、商品もパッケージもラベルも変えず、用途だけ変える点にある。もしジョンソン＆ジョンソンがこの商品をライン拡大し、「ジョンソン・アダルトシャンプー」を発売していたら、これほどの成功はなかっただろう。

魚にも肉にも合う白ワインとして売り出して成功した「ブルーナン」もまた、基盤拡大の一例だ。

これらは一見、「万人ウケの罠」の例にあたるようにも見えるが、そうではない。ジョンソン・ベビーシャンプーは、成人も使える商品として売り出した史上初にして唯一のベビーシャンプーである。また、魚にも肉にも合う白ワインという広告を打っているのはブルーナンだけである。もし、他のブランドが同じ手法をとっても、これほどには成功しないだろう。

13

ライン拡大で成功するための条件

ライン拡大は人気を博している。誰もそれを疑わない。

かつて、ニューヨークにある野球、バスケットボール、アメフト、テニスのプロチームは、それぞれ「メッツ」「ジェッツ」「ネッツ」「セッツ」と呼ばれていた。また、ニューヨークの場外馬券売り場は、ニューヨーク・ベッツ（賭）というポスターを掲げていた。

もしニューヨーク市が体操チームを設立したら、ニューヨーク・スウェッツ（汗）と名づけるのではないだろうか。ストリートギャングならニューヨーク・ゲッツ（スラム街）、都市計画担当チームならニューヨーク・デッツ（負債）という名前を思いついてもおかしくない。だが、幸いにしてそんなイカれたことにはならず、名前の流行に変化が起こったようだ。テニスチームは、ニューヨーク・セッツからニューヨーク・アップルズに改名した。

短期的には長所あり

ライン拡大の人気が衰えない理由のひとつは、短期的にはいくらかの長所があるからだ。

たとえば、ニューヨークのプロ水泳チーム設立の準備が進んでいたとき、競技会の告知記事の見出しには「ウェッツ（濡れた奴ら）登場」という文句が踊っていた。「ウェッツ」というひとことで、①プロスポーツチームであること、②ニューヨークのチームであること、③ウォータースポーツのチームであることがわかった。

しかし、その効果は短期間で消え去った。最初の告知記事の印象が薄れると、混乱が訪れたのである。水泳チームの名前はウェッツだったっけ？　もしかしたら、バスケチームのネッツと見間違えたかな？　いや、テニスチームのセッツのことだったかも？　そういえば、ネッツはアップルズに改名したんじゃなかったっけ？　あれっ、アップルズに改名したのはセッツだったかな？……

ライン拡大で生まれた名前は元の名前にちなんでいるから、一瞬にして理解が得られる。「あ、なるほど、ダイエット・コカ・コーラね」。それに、売上も一瞬にして伸びる。

アルカセルツァーが新商品「アルカセルツァー・プラス」を発売したときも、当初は注文が殺到した。消費者ではなく、小売店の注文が殺到するのだ。だから、売上数字も初めのうちは良好に見える（スーパー各店で三五ドルとしても、一〇〇万ドル計上できる）。商品はどんどん出荷され、最初の半年間、ビジネスは絶好調に見える。

だが、再注文が入らなければ、突然、お先真っ暗になる。

長期的には短所だらけ

ライン拡大商品は、すぐに認知されるが、忘れられるのも早い。

「シュリッツ・ライト」「ポールモール・エクストラマイルド」「ジャーゲンズ・エクストラドライ」――、ブランド名は消費者の頭の中に苦もなく滑りこんでいく。人々が商品を理解する努力をする必要はまったくない。だが、苦もなく受け入れられたぶん、苦もなく忘れ去られる。なぜなら、消費者の頭の中にその商品だけのポジションを築けないからだ。

ライン拡大商品は、オリジナルブランドの「衛星」でしかない。そればかりか、オリジナルブランドが築いたポジションまでもあいまいにしてしまう。こうして、ときとして破滅的な状況を招くことになる。

一九三〇年代、朝食用シリアルのメーカー、ラルストン・ピュリナは「ラルストン、1《ワン》、2《ツー》、3《スリー》」というラジオCMを流していた。1は「スリム・ラルストン」、2は「レギュラー・ラルストン」、3は「インスタント・ラルストン」を指していたが、1も2も3もなくなった。

伝説的な広告人デイヴィッド・オグルヴィは、「リンソ・ホワイト」と「リンソ・ブルー」という洗剤のライン拡大商品を同時に宣伝する広告案を練っていたとき、どうにも煮詰まってしまい、とうとう下書きをビリビリに破ったという。

ライン拡大に手を出さない企業はほとんどない。サタデー・レビュー・マガジンは、「ジ・アーツ」「サイエンス」「エデュケーション」「ザ・ソサエティ」などのライン拡大雑誌を創刊した結果、一七〇〇万ドルの赤字を出した。リーバイスとブラウンシューズは、共同で「リーバイスのシューズ」を出そうとした。ジーンズ市場のリーダーが、靴市場にも踏みこもうとしたのだ。レンタカーのエイビスは生花の販売に、電機メーカーのゼニスは時計に、バーボンメーカーのオールド・グランドダッドはタバコに、文房具メーカーのビックはパンティストッキングに、クリネックスは紙おむつに手を広げた。ピエール・カルダンはワインを発売した。シャネルはメンズに手を広げた。

ライン拡大で人気のあるコンセプトといえば「2《ツー》」である。「アルカ2」「ダイアル2」「ソミネックス2」「ジョーズ2」……。ちなみに、オリジナルよりも第二作のほうが人気を博した映画は皆無といっていい。

ショッキングだったのは、ライン拡大の流行に抗してきたP&Gが、五〇〇〇万ドルを投じて「リキッド・タイド」を発売するというニュースだ。広報担当者は「液体洗剤市場のナンバー1

をめざす」と言うが、現在一位の「ウィスク」をこの商品が抜くとは思えない。それに、新商品がオリジナル商品である粉洗剤のタイドの売上を食うのも確実だ。

買い物メモのテスト

ライン拡大の力をテストするには、買い物メモを使うのがいちばんだ。夫または妻に買い物メモを渡してスーパーに行ってもらうのだ。そのメモに、「クリネックス、バイエル、ダイアル」と書いておくと、たいていはクリネックス・ティシューとバイエルのアスピリン、ダイアルの石鹸を買って帰ってくる。

では、買い物メモに「ハインツ、スコット、クラフト」と書いたらどうか？　ハインツにはピクルスとケチャップ、それにベビーフードもある。スコットにはティッシュと紙タオルがあり、クラフトにはチーズとマヨネーズとドレッシングがある。さて何を買ってくるだろうか？

ひとつのブランド名を二つ以上の商品に使いまわすと、混乱を招き、スコットやクラフトといったブランドの力がゆっくりと、だが確実に奪われていく。そして膨張しすぎた星と同じように、ブランドもついには燃えかすになってしまう。ライン拡大が油断ならないのは、問題が深刻化するまで時間がかかることだ。何年もかけて、ゆっくりと衰弱が進行する。

クラフトは、ライン拡大しつくして四苦八苦していることで有名だ。何でも手がけているが、ウリになるものがひとつもない。実際、クラフトが一位を獲得している市場はゼロ。マヨネーズ市場ではヘルマンズに負けているし、ドレッシングではウィッシュボーンに負けている。

系列のクラフトコはクリームチーズ市場のトップ商品を有しているが、クラフトという名は使われていない。ブランド名は「フィラデルフィア」だ。ちなみに、クラフトコのアイスクリームは「シールテスト」、マーガリンは「パーケイ」で、ここにもクラフトの名はない。

もはや、クラフトというブランド名の強さはどこにもない。すっかり拡散してしまい、顔になる商品がなくなったのだ。

チーズ市場では、クラフトの名前はそこそこ強い。宣伝でも「アメリカでは、チーズといえばK—R—A—F—Tと書きます」とうたっている。だが、スペルも戦略も最悪だ。その市場が弱いブランドばかりならライン拡大でも勝てるが、熾烈な競争が始まれば、すぐに立ちゆかなくなる。

バーテンダーのテスト

ライン拡大の弊害を知るには、バーテンダーのテストも有効だ。ブランド名で注文して何が出てくるかを試すのだ。「J&Bをロックで」と言えば、スコッチが出てくる。「ビーフィーターのマティーニ」と言えば、ジンが出てくる。「ドンペリニョン」と言えば、必ずシャンパンが出てくる。

では、「カティをロックで」と注文したら？　もちろん、出てくるのはスコッチだが、それは「カティサーク」なのか、それとも高価な一二年ものの「カティ12」か……。

カティ12は、典型的な失敗例だ。知名度の高い名前（カティ）に形容詞（12）をつけただけ。メーカーの意図は非常に合理的だが、飲む側から見たらどうだろうか？　「シーバスをロックで」と注文すれば、最高品質のシーバス・リーガルが出てくる。だが、カティ12を飲みたければ、カティと言うだけではダメなのだ。また「12」と口に出したところで、バーテンダーや周囲の客に「12」がきちんと聞こえるかどうか微妙である。

それに、カティ12を宣伝することは、カティサークのためにもならない。カティサークのファンが、低品質の酒を飲まされているように感じてしまうからだ。

カティ12は、シーバス・リーガルを追って市場に参入したが、最初から多くは期待できなかった。そもそもアメリカには、シーバスよりずっと古くから12年もののスコッチがある。「ジョニーウォーカー黒ラベル」である。だがこれも、シーバス・リーガルに大きく水をあけられている。当然だ。

「ジョニーウォーカーをソーダ割りで」とバーテンダーに言えば、「黒にします？　赤にします？」と聞き返され、「あー、めんどくさい。シーバスにしてよ」となるのがオチだ。

カティ12とジョニーウォーカー黒ラベルは、ともに「格上げ」をねらったライン拡大の例である。だが、たいていの場合、こうした高級路線の売上は貧しい結果に終わる。格下のブランド名がついた高級品に金を出す客などいないのだ。

パッカードの大誤算

では、「格上げ」の逆、「格下げ」商品の場合はどうか。こちらは往々にして瞬間的には成功を収める。だが、やがて揺り戻しがやってくる。

第二次世界大戦前、パッカードといえば高級車のブランドだった。キャデラックをしのぐ高級車で、ステータスシンボルとして世界中であがめられていた。各国の国家元首もパッカードを愛車にした。フランクリン・ルーズベルトもその一人だ。弱小メーカーが毎年モデルチェンジを繰り返す中、ロールスロイスとパッカードだけは、その必要がなかった。この二社は、自分たちを一般大衆よりもはるか上にポジショニングしていたからだ。

だが、一九三〇年代になるとパッカードは、より手頃な「パッカードクリッパー」を売り出した。同社初の「格下げ」モデルの登場である。この車は、創業以来最大のヒットとなり、素晴らしい売上を記録したが、会社をつぶした。もう少し丁寧に言えば、パッカードの「高級」というポジショニングを壊した結果、会社がつぶれたのだ。

パッカードは迷走を続け、一九五四年にステュードベイカーに買収された。長い年月がかかったが、ブランドは消滅してしまった。

キャデラックとシマロンの関係

キャデラックといえば何だろうか？　大きさは？　色は？　エンジン馬力は？　オプションは？　GMは、自動車購入者に対して、キャデラックの具体的イメージを何も伝えていない。はっきりしているのは、それが同社最高級車種であり国産高級車であるというイメージだけだ。

かのGMですら、ときとして、「どんな商品にも二つの見方がある」ということを忘れてしまう。ライン拡大の間違いの多くは、マーケターがこの事実を見逃すせいである。驚かれるかもしれないが、GMにとってキャデラックとは自動車ではない。キャデラックという「部門」である（実際、GMで最も利益を上げている部門である）。しかし消費者にとって、キャデラックとは大型高級車である。ここに問題がある。

ガソリン価格の高騰でキャデラックが苦戦しはじめると、GMは利益率維持のために小型のキャデラックである「シマロン」を発売した。長期的に見れば、この小型キャデラックは、消費者の頭の中にある「キャデラックは大型車」というポジションといずれ衝突するだろう。消費者はシマロンを見て、「これはキャデラック？　キャデラックじゃないの？」と混乱するからだ。

シマロンは、将来的にはベンツやBMWのような小型高級車に対する最も有力な対抗馬となりうるが、そのためには、新たなブランド名と新たなディーラーネットワークが必要だ。

シボレーとは何か?

他の商品同様、自動車についても、おなじみの質問を自らに問うことだ。そうすれば、ポジショニングの問題が見えてくる。おなじみの質問とは、「それは何なのか?」である。

たとえば、シボレーとは何か? 万人ウケの罠にはまった車だ。みんなにウケようとして誰にもウケなくなってしまった車である。

シボレーとは何か? 大型で小型で手頃で高価な車である。

では、シボレーの一車種であるシェビーは、なぜ今も一位を維持できているのか? なぜフォードを寄せつけないのか? その答えを知りたいなら「フォードとは何か?」を考えてみればいい。そう、フォードも同じ問題を抱えているのだ。フォードとは、大型で小型で手頃で高価な車である。

フォードには別の問題もある。その名が、自動車のブランド名だけでなく、社名でもあるということだ。フォード・フォードとすればいいのだろうが、それではフォード・マーキュリーやフォード・リンカーンの販売に大きな問題が出てくる。これこそ、この会社が高級車の販売で常に苦戦している原因のひとつである。

フォルクスワーゲンとは何か?

ライン拡大の悲劇は、通常、三幕目で必ず結末を迎える。

第一幕では大成功を収め一気にブレイクする。たいていの場合は、大きく開いた穴を見つけ、それを見事に活用した結果である。

フォルクスワーゲンは、「ビートル」で小型車のポジションを切り拓き、自動車市場にまたとない強力なポジションを一気に築き上げた。「シンク・スモール」は広告史上最も有名なコピーのひとつであり、この車のポジションを余すところなく伝えている。

多くの古典的なサクセスストーリーと同じく、フォルクスワーゲンも一商品の名前以上の意味を持つブランドになった。「フォルクスワーゲンに乗っているんですよ」と言えば、それは所有者のライフスタイルそのものを意味した。シンプルで機能的な自動車を選ぶ人、つまり、賢明で、現実的で、人生に自信を持っていることを示した。

フォルクスワーゲンに乗る人は、スノッブとは正反対である。この車は、まわりに見せびらかしたくて豪華な車を買うような人は相手にしない。その精神は、「1970年型フォルクスワーゲンも不格好です」というコピーに凝縮されている。

しかし第二幕になると、終わりなき成功を求めて欲と願望が噴出しはじめる。フォルクスワーゲンの場合、信頼性と品質をバスやジープといった大型高級車に反映したいと考えた。

そして第三幕でついに結末を迎える。八種のモデルをもってしても一モデルの売上におよばない事態に陥ったフォルクスワーゲンは、輸入車トップから四位に転落した。トヨタ、ダットサン、ホンダの次だ。すぐ後ろにはマツダとスバルが迫っている。

初期は成功してもやがて幻滅が訪れるというのが、ライン拡大の一般的なパターンである。スコットやフォルクスワーゲンのような大企業でも、過去の栄光に安住してはいられない。新たな征服先を探し求めるしかないのだ。進む道はひとつ。「新コンセプトまたは新商品を開発し、新たなブランド名をつけ、新たなポジションを築く」である。

名前とは「輪ゴム」である

名前は輪ゴムと同じで、伸びるけれど限界がある。そして期待とは裏腹に、引き伸ばすほどに弱くなる。どこまで名前を伸ばせるかは、経済性と判断力の問題だ。

たとえば、野菜の缶詰のラインがあるとしよう。エンドウ豆とコーンと大豆の缶詰にそれぞれ別々の名前をつけたりしたら、経済的には割が合わない。

同じような発想で、デルモンテも果物と野菜の缶詰に同じブランド名を冠した。だがそこへ、一種類のみに絞った缶詰が参入してきた。パイナップル缶のドールである。戦いはどうなったか？　もちろんドールが勝った。

だがドールは、次に生のバナナを「ドール・バナナ」として売り出してしまった。バナナのブランドイメージ確立には成功したが、パイナップルのほうはどうなったか？　バナナとパイナップルの間で、例のシーソーの法則が起こったのである。

では、ドールはデルモンテのように、缶詰と生鮮食品の両方を扱うことはできないのか？　もちろん、できる。だがそうすれば、価値の高いパイナップルのフランチャイズが間違いなく犠牲になる。さらに、ライン拡大の短所も抱えこむことになるだろう。

五つの規則

ライン拡大は「罠」である。「誤り」ではない。ある条件が整えば、ライン拡大も有効となる。だが、その条件とは、「ライバルがみな間抜けである」「売上規模がとても小さい」「ライバルがいない」「消費者の頭にポジショニングすることを望んでいない」「広告は出さない」など、かなり厳しい。

世に出まわっている商品の中で、ポジショニングできているものはごくわずかだ。

エンドウ豆の缶詰を買うとき、消費者はそのブランドのイメージやポジショニングをいちいち考えたりしない。決め手は知名度だ。また、売上規模の小さい商品を何千種も販売しているメーカー（典型例は3M）の場合は、すべての商品に個別ブランド名をつけていられないのが現実だ。

そこで、ハウスブランド名を使うべきか否かを見分ける「規則」をまとめておこう。

①予想される売上規模……勝てそうな商品ならハウスブランド名を使うべきではない。だが売上規模が小さい商品なら使うべき。

②競争の度合い……ライバルがまったくいない分野なら、ハウスブランド名を使うべきではない。だがライバルが多い分野では使うべき。

③広告サポートの有無……広告予算がふんだんにあるならハウスブランド名を使うべきではない。だが予算が小さいなら使うべき。

④重要度……まったく新しいタイプの商品なら、ハウスブランド名を使うべきではない。だが化学製品のような日用品には使うべき。

⑤流通……陳列棚を使わない商品には、ハウスブランド名を使うべきではない。だが営業マンが売り歩くようなタイプの商品なら使うべき。

14

「自社」をポジショニングする方法

人物、商品、政治家。どんなものでもポジショニングはできる。企業を売りこむときも例外ではない。企業を売りこむとはどういうことか？　買うのは誰か？　誰に売りこむのか？（敵対的買収から身を守るために、多くの企業は目立たないようにしていたがるはずだ）。

企業の買収と売却

企業社会では、日常的に数多くの売買が進行している。だが、そう呼ばれないだけのことだ。新入社員が就職するということは、その人物が企業に「買われた」ということであり、新卒募集のプロセスでは、企業が自らを「売りこんで」いるということになる。

ＧＥと弱小メーカーでは、どちらに人材が集まるか？　毎年、全米の企業が一流大学の優等生をめぐって争奪戦を繰り広げているが、選りすぐりの優等生を獲得するのは、未来の社員の頭の中に最高のポジションを築いている企業である。ＧＥやＰ＆Ｇのように――。

株式を買う投資家たちも、その企業が築いている、あるいは将来築くであろうポジションに金を払っているといえる。企業が築いているポジションの強さによって、投資家が株に投じる金額も変わってくる。

だからこそ、しっかりポジショニングできているかどうかは、経営陣にとっても非常に重要なのだ。だが、ことはそう簡単ではない。

「何か」を代弁する

何よりもまず、社名だ。とにかく社名だ。

プルマンは、もはや鉄道車両メーカーの大手ではない。グレイハウンドも、今では総売上に占めるバス事業売上の割合は微々たるものだ。両社とも今は事業内容が一変している。だが、一般大衆がこの二社に抱くイメージは昔のままだ。どちらの社名も、過去の名声に結びついている。

もちろん、両社ともイメージ転換ははかっている。とくにグレイハウンドは、数百万ドルをかけて、「我が社は単なるバス会社ではない」とアピールしてきた。

しかし、しなやかな犬のイラストが描かれたバスが高速道路を行き交っているかぎり、巨費を投じて自社のイメージ広告を展開しても効果はない。必要なのは、単なるバス会社ではないことを示す新社名だ。新社名といっても、事業内容を正しく伝えるだけでは不十分である。その企業が属する業界の「何か」を代弁するものでなければならない。

たとえばフォードは、誰もが自動車メーカーだと知っている。だがフォードは、特定の車種に自社のポジションを築けていない。トラックも含め、あらゆるタイプ、あらゆるサイズの車を製造しているからだ（そのこと自体の是非は別として）。

となると、同社のポジショニングは、「あらゆる車種に共通する何らかのクオリティを要約する」ことが問題となる。フォードは、自車のキーワードを「イノベーション」とし、「フォードにはより優れたアイディアがあります」という企業広告キャンペーンを張った。

悪くない。だが企業広告は、使い古された、ありきたりのキャンペーンに落ち着いてしまいがちだ。中でも顕著なのが、「人材」をテーマにした広告である。

「社員こそ最大の資産」

「ガルフの人材は、難問を解決します」

「グラマンは商品に誇りを持っています。でもそれ以上に人材に誇りを持っています」

実際に社員の質に差があったとしても、企業イメージのポジショニングを「優れた人材」に置くかどうかとは別問題だ。多くの人々が、大企業や成功した企業ほど優れた人材を有し、中小企業や苦戦している企業には残りものがいると想像している。ということは、消費者の頭の中にある「商品のはしご」の最上段を占める商品さえあれば、その企業の社員もおのずと優れていると思うものなのだ。

それなのに、業界トップでもない企業が他より優れた人材がいると宣伝したら……。こうした矛盾があると、思うような成果は得られない。フォードの場合も、優れたアイディアがあると宣伝するくらいなら、そのアイディアを使って市場でGMを追い抜く努力でもしたほうがいい。

事実かどうかは問題ではない。もしかしたら本当に他よりよいアイディアがあるのに二番手なのかもしれないが、ここでの問題は「消費者がどう思うか」である。

企業イメージの広告を成功させるためには、この問題に答える必要があるのだ。

多角化はポジショニングの対極

「人材」の次に企業がとりがちなポジショニングは、「多角化」だ。多くの企業が、「高品質な商品を幅広く生産する多角的メーカー」として認知されることを願っている。

しかし、ポジショニングと多角化という二つのコンセプトは対極にある。大きな成功が消費者の頭の中に強力なポジションを築く、これが真実である。商品ラインを広げればポジションが強力になるわけではない。

GEは、「世界最大の電機メーカー」として認知されているのであって、工業製品、輸送、化学製品、家電を生産する多角的メーカーとして認知されているのではない。何千種類もの消費財や生産財を生産しているが、最も成功しているのは電化製品だ。それ以外は、コンピュータも含め、成功していない。

同様に、GMは「世界最大の自動車メーカー」として認知されているのであって、工業製品や輸送製品、電化製品を手がける多角的メーカーとして認知されているのではない。IBMは「世界最大のコンピューターメーカー」として認知されているのであって、OA機器を手広く生産するメーカーとして認知されているのではない。

多角化すれば、売上は伸びるかもしれないが、多角化しながらポジショニングできるものかどうか、一度よく考えてみてほしい。株式市場でも、ITTやガルフ&ウェスタンといったコングロマリットの株価は下がっている。そして多くの企業が、分割後に株価を上げている。

ゼロックスの「秘密計画」

ゼロックスといえば、コピー機業界のコカ・コーラである。

他のコピー機メーカーを聞かれても、すぐには思い出せまい。しばらくして、シャープ、サヴィン、リコー、ロイヤル、キヤノンなどを思い出すのが関の山だろうが、じつはIBMやコダックもコピー機をつくっている。

だがこうした企業は、ゼロックスのようなコピー機のポジションを築いていない。これが、ゼロックスの持つ最大の強みだ。どこかの企業がコピー機を購入しようと思ったとき、最初に思い浮かぶのはゼロックスだし、最初に問い合わせるのもたぶんゼロックスだ。

ところが、オフィス機器市場がシステム、とくにコンピュータによる情報システム機器に移行しつつあると見てとった同社は、サイエンティフィック・データ・システムズ（SDS）を買収し、ゼロックス・データ・システムズ（XDS）と社名変更させた。

「SDSを買収したのは、幅広い情報システムを提供するためだ」と会長は言った。「世界に広がる情報システム業に参入するチャンスをつかむには、グラフィックスから外に展開しなければならない。ちょうどIBMのように。『ファックスからグラフィックスまで、情報サービスはすべてお任せください』と言えれば、はかりしれない強みになる」

そして六年後、XDSは挫折した。それなのにゼロックスはライン拡大をやめなかった。コピー機以外の事業展開に邁進《まいしん》し、OA機器業界に参入し、XTENネットワーク、イーサネット・ネットワーク、スターワークステーション、820PCを発売した。

副社長は宣言した。「業界には、もう我が社の秘密計画がわかっただろう。そう、この業界で一位になることだ」

頭の中を再確認せよ

ゼロックスのオフィス情報システムへの参入などあり得ないことは、消費者の立場から考えればすぐにわかる。

業界誌の「インフォメーション・ウィーク」は最近、定期購読者を対象にあるアンケート調査を行った（同誌の定期購読者は一〇万人、うち八割が従業員数一〇〇〇人以上の企業代表。すなわち、OA機器市場のターゲットそのもの）。

「オフィス情報システムのメーカーとして興味があるのは？」という問いに対する回答は、以下のとおり。

IBM……………………八一％
ワン…………………四〇％
ディジタル・イクイップメント……三六％
AT&T…………………二二％
ヒューレット・パッカード……二一％

ゼロックスの名はない。

ではゼロックスはどうすべきか？　まずはコピー機のイメージを崩さないことだ。消費者の頭の中にあるイメージは変えられないのである。そのうえで、コピー機のイメージを活用するのだ。これこそが、ＩＢＭやＡＴ＆Ｔへの対抗戦略で最大の武器となる。

「第三の足」戦略

ゼロックスは、自社の伝統を活用すべきである。多くの戦略と同じく、一歩下がって市場の動向を見極めることが必要だ。

かつて、ビジネスを始める人は、ＡＴ＆Ｔで電話を引き、ＩＢＭのタイプライターとゼロックスのコピー機を購入した。これがオフィスを支える三本足だった。

これに対して今日のオフィスはどうなったか？　タイプライターこそＰＣにとって代わられたが、電話とコピー機は、ほとんど変わっていない。

では未来のオフィスはどうなるか？　読み書きのすべてがＯＡシステムという一本足に統合され、しかもそのシステムを販売しているのは一社だろうと言われている。世間では、その一社はＩＢＭだと考えているが、コンピューターメーカーはこぞって、「我こそは」とねらっている。

だが、本当にそうなるのだろうか。商品は常にシステムとしてセットで売れるわけではない。たとえばハイファイ・セットをとってみても、消費者は自分が好きなレシーバーやプレーヤー、カセット・デッキを個別に買って組み合わせている。キッチンの電化製品をすべてまとめてセット販売するというGEの夢にも、同じことが言える。家庭の主婦は、個別に好みのブランドを選びたいと考えるはずだ。

何より重要なことは、たとえ未来のオフィスが大手メーカー一社から巨大システムを購入するようになったとしても、ゼロックスがその一社にはなれないということだ。したがってゼロックスは、まったく異なるシナリオに打って出るべきである。

新たなシナリオでは、未来のオフィスもまた、「三本足」で成立していると考える。AT&Tが請け負っていた電話という第一の足は、ボイスメールやファックスといったコミュニケーション機器になり、IBMが請け負っていた情報入力・処理という第二の足は、コンピュータやワークステーション、ネットワーク機器になる。

問題は、ゼロックスが請け負っていたコピー機という第三の足がどう変わるか、である。

「足の混乱」という問題

足を一本にすることが未来への道ではないことは、歴史を振り返ればわかる。

たとえばゼロックス対ＩＢＭの場合。

①ゼロックスは、ＩＢＭが手中にしている足、すなわちコンピュータ、ワークステーション、ローカルエリアネットワーク分野で成功していない。

②一方でＩＢＭは、ゼロックスが手中にしている足であるコピー機で成功していない。

ゼロックス対ＡＴ＆Ｔはどうか？

①ＡＴ＆Ｔが握るファックス関連機器という足では、ゼロックスも含め他社はどこもうまくいっていない。

②しかしＡＴ＆Ｔが力を入れれば、ボイスメールもファックスもすぐに売れはじめるだろう。

ＡＴ＆Ｔ対ＩＢＭはどうか？

①ＡＴ＆Ｔは、ＩＢＭが握るコンピュータという足では成功していない。

②一方、ＩＢＭとロルムは、ＡＴ＆Ｔが握る電話という足ではうまくいっていない（サテライト・ビジネス・システムは、年間一億ドルの赤字を出している）。

以上から何が見えてくるか。ＳＤＳを買収して以来、ゼロックスはコピー機とコンピュータの間のギャップを埋めようとしているが、このギャップは長期的に見た場合、ゼロックスの障害となるどころか、最強の味方になりうるのである。

「第三の足」のチャンス

AT&Tの「電話」という名の足が「コミュニケーション」という足に変わり、IBMの「タイプライター」という名の足が「情報入力・処理」という足に変わるなら、ゼロックスの「コピー機」という名の足は何に変わるのか?

答えは明白、「情報出力」という足である。プリンタ、スキャナ、記憶装置からコピー機の機能向上まで、ゼロックスにとって「第三の足」のチャンスはいくらでもある。

そのうえ情報出力には、新たなテクノロジーが開花しつつある。レーザーだ。レーザープリンタ、レーザータイプセッタ、レーザーメモリシステムなどである。レーザーは、多分野で実用化されている。情報通信では人工衛星にとって代わりつつあるし、病院では心臓手術を一変させた。スーパーマーケットではレジで活用されている。

マクドネル・ダグラスは、「一秒で百科事典二四巻分の情報を読み取れる」レーザーを開発している。ユナイテッド・テレコムは、全米規模のレーザーネットワークを構築中だ。AT&Tは大西洋にレーザーリンクを設置し、GTEは月面のレーザー反射を実験中である。消費財では、ビデオはDVDで、音楽はCDで楽しめるようになった。

今やレーザー光線を使わないロックコンサートはあり得ない。ロナルド・レーガン大統領の「スターウォーズ」構想でも、レーザー兵器が搭載されることになっている。

過去三〇年間、三つのテクノロジーがオフィスを席巻し、辞書にその名を刻んできた。最初のテクノロジーは、3Mが開発したサーモグラフィー、すなわち特殊紙に赤外線で複写する技術である。

第二のテクノロジーは、ゼロックスのゼログラフィーで、普通紙コピーを可能にした。そして第三のテクノロジーは、マイクロプロセッサであり、この市場はIBMのようなコンピュータ企業が支配している。

だがゼロックスは、辞書に掲載されるような第四のテクノロジーを技術開発するチャンスを握っている。「レーザーグラフィー」とでも命名したいこの技術は、レーザーや光ファイバーを使って、情報を伝達、プリント、スキャン、記憶できる。

ひとことでたくさんの意味を伝える

ゼロックスは売上九〇億ドル、従業員数一〇万人以上の大企業である。これほど大きく、多様な企業のポジションをひとことで言うのが困難なのも当然だ。

だが、消費者の頭の中にゆとりはない。今日、ゼロックスといえば、ひとつのことしか意味しない。コピー機だ。だが、レーザーグラフィーという言葉を使えば、ゼロックスはポジションを拡大できるかもしれない。

レーザーグラフィーは目新しい言葉だ。そして、ビジネス界は目新しいことを好む。それに、この言葉には基礎テクノロジーらしい響きがあるし、ゼログラフィーに関連づけることもできるから、ゼロックスの最新テクノロジーだということも端的に示せる。「ゼロックスのレーザーグラフィー」とうたえば、ゼロックスは「〇〇グラフィー」の会社だと認知されるだろう。レーザーグラフィーは、レーザーを使っている。そしてレーザーは最新技術だと認知されている。レーザーグラフィーなら、ゼロックスの既存のポジションを活用できるし、新世代商品を含めながらポジションを拡大できる。

ポジショニングをめぐる戦いでは、じっとしていては勝てない。目の前の問題、目の前の市場から自社のポジションがぶれないよう、少しの油断も許されないのである。

15 「国」を売り出す際のポイント

航空運賃が安くなり、観光の時代が始まった。

かつては、海外旅行を楽しめるのは年配の金持ちに限られていたが、今では一変している。昔は客室乗務員が若者で乗客が年配だったが、今は乗客が若者で客室乗務員のほうが年上である。

サベナ航空の現実

新時代の海外旅行客を乗せて北大西洋を飛ぶ航空会社は、たくさんある。そのひとつがサベナ航空だ。航空各社は、同じ条件で競争しているわけではない。たとえばTWAとパンナムは、アメリカとヨーロッパに多数の発着地を有しているが、サベナは、ヨーロッパの発着地がひとつしかない。ブリュッセルである。ハイジャックでもされないかぎり、サベナ機は必ずベルギーに着陸する。

サベナは、ベルギー国内では圧倒的首位を誇る航空会社だが、乗客数は少ない。ベルギーのような小国に用事のある客は決して多くない。北大西洋線の全乗客のうち、ベルギー線の乗客はわずか二％である。「観光客が行きたい国」というランキングでも、ベルギーは最下位レベルで、ランクインしていればましなほうだ。

こうした状況を見れば、同社の広告の問題点も難なくわかるだろう。それまでサベナは、航空会社がとる典型的な戦略を採用していた。フードとサービスを売り物にしていたのだ。「サベナでグルメになりませんか？」というコピーがあったが、いくら食事が素晴らしくても、行きたいところに飛ばないのでは利用しようがない。

「自社」ではなく、「自国」をポジショニングする

サベナにとって最も有効な戦略は、自社ではなく国そのものをポジショニングすることだ。かつて、ＫＬＭがアムステルダムを売りこんで成功したのと同じである。サベナは、観光客がベルギーに滞在したいと思うように、この国を演出する必要がある。単なる通過地という地位に甘んじていてはダメだのだ。

コーラを売るにせよ、会社や国を売りこむにせよ、忘れられたらおしまいだ。これは、ビジネ

スにおける大原則である。

しかし、たいていのアメリカ人は、ベルギーについて何も知らないも同然だ。ワーテルローはパリの郊外だと思っているし、ベルギーの名産といえばワッフルしか思いつかない。国の位置すら知らないのだ。

考えてみれば、成功している国や都市の多くは、強烈なイメージを持っている。

イギリスといえば、壮麗な式典、ビッグベン、ロンドン塔が思い浮かぶ。

イタリアといえば、ローマ時代の大競技場やサンピエトロ寺院、美術品の数々が思い浮かぶ。

アムステルダムといえば、チューリップ、レンブラント、美しい運河の風景。

フランスといえば、素晴らしい食文化とエッフェル塔、きらびやかなリビエラの保養地。

都市や国のイメージは、人々の頭の中で絵はがきのように浮かんでくる。ニューヨークといえば、摩天楼。サンフランシスコといえば、ケーブルカーと金門橋。クリーブランドといえば、煙突が並ぶ工場地帯の灰色の風景……。

初めてヨーロッパを旅する人が、まず選ぶのは、ロンドン、パリ、あるいはローマだろう。彼らの心をつかむのは、サベナには無理だ。しかしアメリカには、初心者レベルを卒業した旅行者もいる。ギリシャの遺跡めぐりやスイスの山歩きを目指すような人々だ。

標的が明確になれば、ポジショニングはさほど困難ではない。

ベテランのヨーロッパ旅行客にとって、ベルギーは見所の多い美しい国だ。趣深い都市、歴史にあふれる宮殿、博物館、美術館などがいくつもある。

だが不思議なことに、ベルギー人は自国が観光客にとって魅力ある国だと認識していない。そうした姿勢は、かつてブリュッセル空港にかかっていたポスターにも表れている。「ベルギーへようこそ。気候は温暖ですが、一年のうち平均二二〇日は雨天です」。だからベルギーは、ブリュッセルを空の「玄関」として、ロンドンやパリ、ローマを目指す乗り換え客をねらう戦略を好んできた。

ここには大事な教訓が含まれている。「住人と観光客では、視点がまったく異なるものである」ニューヨーカーの多くも、ニューヨークが魅力的な観光地だとは思っていない。ゴミ収集サービスのストは覚えていても、自由の女神は覚えていないのだ。しかし、そのニューヨークに、年間一六〇〇万人もの観光客が巨大なビル群を観に押し寄せているのである。

三つ星の都市

「美しさ」は、ポジショニングの手がかりとなる。だが、それだけでは観光客を引きつけられない。観光都市としてポジショニングするには、人々が少なくとも数日間は滞在したくなるような魅力がほしい。モナコは観光地だとは思われていない。なぜなら、モナコ最大の魅力であるモンテカルロのカジノは、一晩で楽しめてしまうからだ。国土面積も重要な要因になる。大国ほど見所が多い。小国にはハンデがある。もしもグランドキャニオンがベルギーにあったら、他に観るべきものなどほとんどなくなってしまう。

ミシュランは、レストランだけでなく都市の観光ガイドも出版しているが、ベルギーのアピール方法は、このガイドブックを見ればわかる。

ミシュランのベネルクス三国用ガイドブックには、「とくに訪れる価値のある」三つ星都市は六都市あり、そのうちの五都市が、なんとベルギー国内にある。ブルージュ、ゲント、アントワープ、ブリュッセル、トゥルネーである。しかしさらに驚くべきは、オランダの三つ星都市がアムステルダムだけということだ。

この事実から生まれた広告が、「ベルギーには、アムステルダム五個分の魅力があります」だった。ビジュアルには、五ヶ所の三つ星都市の美しい写真が採用された。

この広告のおかげで問い合わせが殺到した。アムステルダムからパリへ向かう列車の窓から眺めるだけだったこの国に、多くの観光客が興味を持ったのだ。

オランダの観光大臣も、ベルギーの観光大臣に電話をかけてきた。この広告も、広告をつくった連中もぶっつぶしたい、と怒り狂っていたのは言うまでもない。

この「三つ星都市」戦略には、重要なポイントが三つ見出せる。

第一に、既に観光客の心をつかんでいる観光地（アムステルダム）にベルギーを関連づけたこと。いかなるポジショニング戦略においても、既存の強力なコンセプトに引き寄せることができれば、成果は格段に増す。

第二に、ミシュランガイドという、既に観光客の心をつかんでいるコンセプトに引き寄せたこと。これで信頼性を高められた。

そして第三に、「一見の価値ある都市が五つもある」という内容の充実度が、ベルギーを確固たる観光地の地位に引き上げた。

「美しきベルギーの三つ星都市」というコンセプトは、テレビＣＭでも大反響を呼んだ。国内の美しい風景を流すテレビＣＭは、目と耳の両方を刺激するぶん、印刷媒体の広告より、素早く人々の心をつかんだ。

もちろん、テレビＣＭには危険もある。他国と似た風景を流したら、視聴者は混乱する。たとえば、カリブ海の島々のＣＭで椰子の木のあるビーチを映したら、それがナッソー、ヴァージン諸島、バルバドスのうちのどれなのか見分けがつかない。格別の差がなければ、「カリブの島々のビーチ」としてひとくくりにされ、ＣＭが終わると同時に忘れられてしまうだろう。同じことが、ヨーロッパの伝統的な村についても言える。ビールを片手にほほえむ人の姿を見ただけでは、どこの国だかわからない。

だが、ミシュランの「星マーク」がこの問題を解決する。ＣＭの画面いっぱいに鐘が鳴り響くかのように星が現れることで、ベルギーが差別化されるのだ。

そして何が起こったか？

さて、それならなぜ、ベルギーと三つ星都市の広告をあまり見かけないのだろう。

じつは、このキャンペーンは大々的に展開されなかった。理由は多々あるが、サベナの新経営陣がこの広告に乗り気でなく、本社内で戦略変更の提案が出ると、すぐそれに乗ったことが大きかった。

企業であれ、国であれ、ポジショニング戦略が成功するためには、担当者たちの長期的かつ大規模な尽力が欠かせない。常に変化する政治的状況では、この点が常にネックになる。

16 無名の島を一大観光地にする

マイケル・マンレーに代わってジャマイカ首相に就任したエドワード・シーガは、資本主義諸国からの投資に対し、門戸を開放すると発表した。デイヴィッド・ロックフェラーはこれに大きな感銘を受け、ジャマイカ開発のために、二五名の企業トップからなる特別委員会を組織した。そしてこのロックフェラー委員会に勧められたジャマイカ政府は、我が社にジャマイカのポジショニングのための戦略を依頼してきた。

投資か観光か？

当時、ジャマイカには投資と観光の両方が必要だった。さて、どちらから先に手を着けるべきか？

投資が観光を大きく促すことはない。だが、観光客は投資を促す。もし大企業に勤めている観光客がジャマイカに好印象を持てば、自社に、この島への投資を勧めるかもしれない。大企業の幹部たちは、楽しく出張できる場所に投資をしたがるものだ。アラスカへの投資がふるわず、カリブへの投資がにぎわうのもそのせいだ。たとえプラント調査のためであれ、進んでフェアバンクスに行きたがる人間はいない。

四大ライバル

カリブ海の島々を観光客の視点で眺めると、ジャマイカには四大ライバルが存在していることがわかる。バハマ諸島、プエルトリコ、ヴァージン諸島、そしてバーミューダである。どの島もジャマイカより観光客数が多い。

カリブ海の島といえば、思い浮かぶのは「椰子の木の並ぶビーチで水着姿で戯れるカップル」だろう。海、砂浜、波は、カリブ海を象徴する定番のロケーションだ。

ただし、バーミューダだけは例外だ。長年の広告戦略が奏功し、バーミューダといえば「ビーチとモーターバイク」が浮かぶようになった。じつに効果的な戦略だった。ある調査によれば、バーミューダはヴァージン諸島に次ぐアメリカ人の認知度第二位の島である。気候の問題がなければ（バーミューダは他の島々よりかなり北に位置する）、一位になっていただろう。

ジャマイカのポジショニングのポイントも、ベルギー同様「カリブ海の島々を目指す観光客の頭の中に、いかにして絵はがきのようなイメージを形成するか」である。

「絵はがきになる」イメージを探す

では、ジャマイカを完璧に表現するような絵はがき的イメージをどうやって見つけるか。すぐに見つかるものではない。当然だ。そんなものがあれば、既に使われているはずだ。ジャマイカまで足を運んで、観光客向けのイメージとして使えそうな風景を何百、何千と撮影するという方法も考えられるが、もともとそれほど個性的なイメージはないのだから、これもうまくいかないだろう。

最初にやってみるべきなのは、人々の頭の中にどんなイメージがあるのかを調べることだ。そして、それをジャマイカに結びつけるのである。

ジャマイカと結びつく言葉は何か？　昔の広告では、「ジャマイカはカリブ海に浮かぶ、緑あふれる大きな島です。誰もいないビーチ、涼しい山々、のんびりとした田舎の風景、広々とした高原、美しい川、急流、滝、池、美味しい水、そしてジャングルが待っています」とうたっていた。さて、これを聞くと、太平洋に浮かぶ、あの人気観光地が思い浮かばないだろうか？

ハワイと結びつけよ

そう、ハワイである。多くの人はハワイに、青い海に浮かぶ、緑におおわれた火山島のイメージを持っているが、それは、ジャマイカに近づくにつれて見えてくる光景と同じだ。つまりジャマイカは、「カリブ海のハワイ」なのだ。

他の四島とジャマイカを比較するにつけ、「カリブ海のハワイ」という位置づけが非常に強いコンセプトになることがわかる。次のデータは、各島の最高地点の比較である。

バーミューダ……………二五九フィート（約八〇メートル）
バハマ……………………四〇〇フィート（約一二二メートル）
ヴァージン諸島…………一五五六フィート（約四七四メートル）
プエルトリコ……………四三八九フィート（約一三三八メートル）
ジャマイカ………………七四〇二フィート（約二二五六メートル）

ミシシッピ川以東のアメリカ本土には、ジャマイカのブルーマウンテンより高い山はない。

各島の大きさの比較も重要だ。それぞれの全長は次のとおり（諸島の場合は最大の島）。

バーミューダ………… 四・〇マイル
バハマ……………… 八・〇マイル
ヴァージン諸島…… 七・五マイル
プエルトリコ………五〇・〇マイル
ジャマイカ…………六二・五マイル

またしても、ジャマイカは他島に比べてダントツで大きい。この島には数百マイルのビーチがあり、七〇〇〇フィートもの高峰を抱く火山山脈がある。「見所が多く、遊び方もいろいろ」という長所は、ここでもハワイと関連づけられる。

美しい自然や緑あふれる山々、きらめくビーチや年間を通して素晴らしい気候……、どれもわざわざ遠いハワイまで行かなくても、もっと近く、カリブ海のジャマイカで手に入るのですよ、と訴えかける広告を展開すれば、必ず成功する。

ハワイでは、観光客を花輪で迎えるキャンペーンが当たったが、これも取り入れればよいだろう。ジャマイカには美しい花がある。それに、花はきれいなだけでなく、観光客に対して友好ムードをアピールできる。

ハワイのポジションの利点

「カリブ海のハワイ」というコンセプトを打ち出せば、視覚的イメージはすぐ浮かぶ。ジャマイカには、何年もかけて新たなイメージを築き上げている時間はない。ハワイのイメージを借りることで、時間と費用を大幅に節約できる。

さらに、このコンセプトは、ジャマイカと他のカリブの島々との違いを際立たせる効果もある。「地図制作者の見たカリブ海」というポスターは、この点を見事に視覚化していた。各島を同じ縮尺で描くと、バーミューダは虫眼鏡なしでは見えない。

これによって、ハワイには遠すぎて行けないというヨーロッパの観光客も開拓できるだろう。「カリブ海のハワイ」なんて聞いたことがない、といぶかる人は、ぜひシーガ首相に確認してほしい。首相は「カリブ海のロナルド・レーガン」と評されているが、ロックフェラーの側近は、「ウォールストリート・ジャーナル」のインタビューで、「実際にはジャマイカのジミー・カーターですね。細かいところにまで首を突っこんで、いちいち悩んでばかりいる」と語っている。おそらくシーガ首相は、今もこの問題について悩み、決断できずにいる。

17
ポジショニングでヒット商品に変身

この章では、スウィッツァー・クラークのソフトキャンディ「ミルクダッズ」の話をしよう。黄色と茶色の小箱に入ったこの商品は、十代の若者に「映画館のキャンディ」として親しまれてきたが、メーカーは、もっと下の少年少女全般も取りこみたいと考えていた。

一〇歳児が思い浮かべること

ポジショニングの第一ステップは、消費者の頭の中を探ることである。ミルクダッズの主なターゲットの平均年齢は一〇歳。調査によれば、この年代の子どもたちはキャンディ好きで、数百回はキャンディを買っている。また彼らは、買ったものが支払った金額に見合うかどうか、用心深く品定めする。

ポジショニング戦略とは、明白な事実をしっかり認識することに他ならない。だが、商品にばかり気を取られていると、この明白な事実を見逃してしまいがちになる。

一〇歳児が、キャンディと言われて頭に思い浮かべるのは、ミルクダッズではない。ミルクダッズという名前は知っているかもしれないが、キャンディと聞いて即座に思い出すのはキャンディバーだ。ハーシーズやネスレ、マウンズ、アーモンド・ジョイズ、リーシズ、スニッカーズ、ミルキーウェイといったキャンディバーである。なぜか？ もちろん、各社が何百万ドルもかけて宣伝してきたからである。

ライバルを切り崩せ

ミルクダッズの広告予算が微々たるものならば、新ブランドを展開するのは無理だ。子どもの心をつかむには、キャンディバー市場の中のポジショニングをつくり直すしかない。言い換えれば、ライバルが投入している何百万ドルという広告費を逆手にとって、ミルクダッズを売りこむ方法を考えるのである。ライバルの数が多い市場では、新ブランドを投入しても消費者の頭の中に入ることはできない。

幸いなことに、キャンディバーのライバルには明らかな弱点がある。それを活用すればいい。その弱点とは、ハーシーズのキャンディバーの「サイズ」と「形」と「値段」を見れば一目瞭然である。食べごたえがないのだ。口に入れても、あっという間になくなってしまう。五〇セントのバーを食べるのに、ものの二、三秒とかからない。おかげで子どもたちはいつも物足りない。サイズが小さくなるにつれ、不満はますますふくらんでいった。

「キャンディバーを買ったら、おこづかいがすぐになくなっちゃう」

「食べるのが速すぎるのかな、それともキャンディバーが前より小さくなったのかな?」

「近ごろのキャンディバーは、あっという間になくなっちゃうよ」

その点、ミルクダッズは違う。袋入りではなく箱入りで、箱の中にはチョコレートがかかったキャラメルが一五個も入っているから、ゆっくり食べられる。

ミルクダッズはキャンディバーより長持ちする(箱の中身を一度に口に入れたりしたら、あごが動かせなくなるだろう)。だからこそ、映画館で人気があるのだ。

ウリは「長持ち」

では、ミルクダッズがとるべき新たなポジションとは何か? 「キャンディバーより長持ちするよ」である。

当たり前すぎる? ミルクダッズの広告担当者はわかっていなかった。過去一五年、テレビCMで「長持ち」をウリにした広告は一本もなかった。

こうして、新たなコンセプトを一〇歳児に売りこむ三〇秒CMが完成した。

①むかしむかし、大きな口をペットにしている子どもがいました（巨大な口の横に、子どもが一人立っている）。

②その口はキャンディバーが大好きでした（子どもがキャンディバーを次から次へと大きな口に投げこむ）。

③でも、どのキャンディバーもすぐなくなりました（キャンディバーが全部なくなり、大きな口がひどく怒っている）。

④すると、その子はミルクダッズを見つけました（子どもがミルクダッズを手に持っているのを見て、大きな口が舌なめずりをする）。

⑤大きな口は、ミルクダッズが気に入りました。なぜなら長持ちしたからです（子どもはミルクダッズをひとつずつ大きな口の舌の上に転がしていく）。

⑥（子どもと口が一緒にCMソングを歌う）。「キャンディバーがとっくになくなっても、ミルクダッズはまだお口にあるんだよ」。

⑦「お口にはいつも、ミルクダッズ！」（子どもと大きな口が、一緒ににっこり笑顔を浮かべる）。

このＣＭのおかげで、下がりつづけていた売上が戻りはじめた。そればかりか、創業以来最大の売上数を更新しつづけたのだった。

ここには、学ぶべき重要な教訓がある。

「ポジショニングの問題を解決したいなら、『商品』ではなく『消費者の頭の中』を見つめよ」

18 サービス業の「正しい」戦略

ミルクダッズのような商品のポジショニングと、ウェスタンユニオンのメールグラムのようなサービス業のポジショニングの違いは何だろうか？
戦略面では大差はない。違うのは、広告テクニックである。

「視覚表現」対「言語表現」

商品広告の場合、最も重要な要素はビジュアル、つまり視覚的要素である。しかしサービス業においては、それが言葉、言語的要素になる。自動車の写真が大きく載った広告を見たら、レンタカー会社ではなく自動車メーカーの広告だと思うのが普通だ。
ミルクダッズのような商品広告では、主要メディアはテレビなど視覚表現中心のメディアだが、メールグラムのようなサービス業の場合、主要メディアはラジオ、すなわち言語表現中心のメディアである。

もちろん例外はある。既に誰もがその姿形を知っている商品なら、視覚メディアを使うメリットはないし、視覚的なシンボルを効果的に利用すれば（たとえばハーツがフットボールの花形選手だったO・J・シンプソンを起用したように）、サービス業の広告でも視覚的メディアが有効になりうる。

それでも、視覚表現と言語表現の使い分けには普遍性がある。メールグラムでも、新聞、雑誌、ラジオ、テレビでの広告効果をテストした結果、最も効果が出たのはラジオだった。

だがメールグラムが成功するか否かの核心は、戦略でありメディア選択ではない。その戦略に入る前に、まずメールグラムとはどんなものなのかを見てみよう。

メールグラムとは何か?

メールグラムとは、ウェスタンユニオンがアメリカ郵便公社と共同開発を行い、一九七〇年に限定的に試用を開始したアメリカ初の電子郵便である。ウェスタンユニオンに電話をすると、メッセージが電子的に受け手の近くの郵便局に送られ、翌日には配送される。電話だけでなく、テレックスやTWX、磁気テープ、コンピュータ、ファックス、通信機能付きタイプライターで送ることも可能である。

こんな技術的なことをわざわざ説明するのは、ここが重要だからだ。多くの広告は、売りこもうとしている商品やサービスの詳細を説明したりはしない。面白くて複雑なサービスほどそうだ。マーケティングに携わる人々はそのサービスと始終つきあっているから、一般消費者の感覚をすっかり忘れてしまうのだ。昔ながらの広告ならば、メールグラムを「自動化、コンピュータ化による新電子コミュニケーションサービス」などと紹介することだろう。

低料金の電報

開発資金をどれだけ投じようが、そのサービスが技術的にどれほど興味深かろうが、消費者の心をつかむには、彼らの頭の中に既に存在しているものと結びつけなければ意味がない。消費者の頭の中のポジションを無視することはできないのだ。

この場合、消費者の頭にあるのは、もちろん電報だ。

普通、ウェスタンユニオンといえば、世界で最も有名な黄色い電報を思い浮かべる。また、メールグラムの「グラム」も、電報（テレグラム）を思い起こさせる。

では、新しい「グラム」と古い「グラム」の違いは何だろうか？　料金だ。体裁も迅速さも変わりない。だが、昔ながらの黄色い電報は、青と白の新しいメールグラムの三倍の料金である。

となれば、メールグラムが訴えるべきテーマはシンプルだ。「メールグラム——電報と同じサービスをわずかな料金で」

「ちょっと待って。ウェスタンユニオンは電報も扱ってるんですよ。なぜ自社のビジネスを奪う必要があるんですか？」

「それに、電報は斜陽だ。メールグラムのように新しい現代的サービスを、なぜ盛りを過ぎた古いサービスに結びつけるのですか？　電報は重要な役割を担っていますが、もはや成長ビジネスではありませんよ」

確かに合理的な言い分だ。人の心を扱うときは、合理性が最善の策とはかぎらないが、その言い分に一応耳を傾け、別のコンセプトを考えてみる価値はある。

ハイスピード郵便

別のコンセプトとして考えられるのは、メールグラムという名前が既に暗示しているように、郵便と関連づけるという方法だ。もしウェスタンユニオンが郵便公社の仕事を奪う気があるなら、メールグラムを郵便と対比させるポジショニングをしたほうが、数字の上でもずっと有利だ。アメリカ国内で配達される第一種郵便物の数は約六八〇億通、一世帯あたり年間八一五通にもなる。それに比べれば、電報の数はごくわずかだ。

そこで、新たなテーマ、「メールグラム――大切なメッセージをハイスピードの新サービスで」が浮かんでくる。

「低料金」と「ハイスピード」、どちらがより効果的なテーマだろうか？　ポジショニング理論から言えば「低料金」だ。しかし、メールグラムは何といってもウェスタンユニオンにとって非常に重要な事業である。安易な判断は禁物だ。そこで二つのキャンペーンをテストして、双方の効果をコンピュータで分析することにした。

「低料金」対「ハイスピード」

テストは、田舎の小都市ではなく、ボストンやシカゴ、ヒューストン、ロサンゼルス、フィラデルフィア、サンフランシスコといった大都市で大々的に実施された。いずれもコミュニケーション産業の重要拠点である。

どちらのキャンペーンも効果を上げたが、一三週間にわたるテストの結果は、

――「ハイスピードな郵便」キャンペーンを行った都市……　七三％増
「低料金の電報」キャンペーンを行った都市……………一〇〇％増

と、「低料金の電報」に軍配が上がった。決め手となったのは、テストされた都市におけるメールグラムの認知度の上昇率だった。広告キャンペーン開始前に、メールグラムとは何かを正しく理解していた人の割合は、

――「ハイスピードな郵便」キャンペーンを行った都市……二七％
――「低料金の電報」キャンペーンを行った都市…………二三％

と、ほぼ同レベルだったが、広告キャンペーン後には、二つのグループに大差が出た。一三週間後のメールグラムの認知度は、以下のとおりだった。

――「ハイスピードな郵便」キャンペーンを行った都市……二五％
――「低料金の郵便」キャンペーンを行った都市…………四七％

信じられないかもしれないが、「ハイスピードな郵便」キャンペーンの都市では、二七％から二五％へと数字が下がっているのである（統計学的には重要な差ではないが）。それなのに「ハイスピードな郵便」キャンペーンでもメールグラムの利用量が増えたのは、既にメールグラムを

知っていた人が、広告を見て思い出して利用したにちがいない。

一方、「低料金の電報」キャンペーンを行った都市では、認知度は二三％から四七％に倍増した。これは単に大躍進したというだけでなく、メールグラムの利用量が今後も長期的に増えつづける可能性を示唆している。

またウェスタンユニオンは、電報利用量についても、テスト中、およびテスト前後にわたって調査していたが、いずれもほぼ安定していた。そして、「低料金の電報」キャンペーンによって、電報の利用量も減るどころか増えるという結論に達したのである。

「低料金の電報」という広告戦略の効果は、利用量という数字に如実に表れた。

一九七二年……　六〇〇万通
一九七三年……一一〇〇万通
一九七四年……二〇〇〇万通
一九七五年……二三〇〇万通
一九七六年……二五〇〇万通
一九七七年……二八〇〇万通
一九七八年……三三〇〇万通

一九七九年……三七〇〇万通
一九八〇年……三九〇〇万通
一九八一年……四一〇〇万通

ところが、この後、ウェスタンユニオンはメールグラムの広告戦略を変更する決断を下した。「低料金」ではなく「翌日配達」をアピールする新戦略に乗り換えたのだ。そして広告会社も変え、新キャンペーンを始めた。すると、またしても結果が数字に表れた。

一九八一年……四一〇〇万通
一九八二年……三七〇〇万通
一九八三年……三〇〇〇万通
一九八四年……二二〇〇万通

戦略を変更した途端、利用量ががくんと落ちたのだ。広告の善し悪しがこれほどはっきり出た例も珍しい（多くの場合、他の要因によって広告効果はあいまいになってしまう）。広告戦略を練るのも大事だが、毎年ずっと同じテーマを繰り返す勇気もまた、同じくらい大事なのだ。

19

地方銀行でも大手都市銀行に勝てる

ウェスタンユニオンと同じく、銀行もサービスを売り物にしている。しかし銀行は、メールグラムのような全国的サービスとは異なり、そのほとんどが地域的なサービスである。そういう意味ではむしろ、デパートや家電店といった小売業のポジショニングに似ている。

小売店のポジショニングを成功させるには、まず営業エリアを熟知せねばならない。

ロングアイランド・トラスト銀行の問題点

ロングアイランド・トラスト銀行のポジショニングも、営業エリアの把握から始まった。

この銀行は長年にわたって、規模、支店数、利益のどれをとっても、ロングアイランド随一の地方銀行だった。しかし一九七〇年代に入り新法が制定されると状況は一変。ニューヨーク州では、どの銀行も州内の好きなところに支店を出せるようになり、シティバンク、チェース・マンハッタン、ケミカル銀行といった大手都市銀行が、こぞってこの地方に大規模な支店を構え始めた。ロングアイランドの住民の多くはニューヨーク市内への通勤者だったから、彼らは職場の近くでも家の近所でも同じ銀行を利用するようになった。

だがそれ以上に深刻だったのは、銀行の利用客が抱いているイメージだった。調査をしたところ、多々の問題点が浮かび上がったのである。

消費者の心をあぶり出す

「ポジショニングの過程では、消費者の持っているイメージを把握する必要がある」と何度も繰り返してきたが、その対象は自社の商品やサービスだけではない。ライバルの商品やサービスについても知る必要がある。

場合によっては、二万ドルもかけて調査するまでもなく、そのイメージが直観でわかることがある。たとえば、ウェスタンユニオンの企業イメージがテレグラムという商品イメージと一体化していることは、誰でもすぐわかる。ミルクダッズやベルギーやゼロックスの場合も、たいした調査は必要ない。

だが、教科書どおりにきちんとリサーチすることで、初めて消費者の頭の中にあるイメージをあぶり出せることもある。そこで得たデータは、戦略を練るためだけでなく、経営陣トップに戦略を売りこむときにも役に立つ（三〇年間その会社で生きてきたCEOと、その会社のことを三〇年のうちの数分か数秒しか考えたことのない消費者とでは、その会社に対する見方が違って当然だ）。

「消費者の心をあぶり出す」ためによく使われる調査手法のひとつに、「セマンティック・ディファレンシャル法（SD法）」がある。消費者が受け取る意味合い・印象の差を測定するものだが、ロングアイランド・トラスト銀行でも、この調査法を採用した。

SD法では、消費者にいくつかの特性を提示し、それらが調査対象の企業や商品、サービスに当てはまる度合いを、一〜一〇の範囲で回答してもらう。たとえば、「価格」も特性のひとつだ。自動車の調査をすれば、当然キャデラックは最上位に、シヴェットは最下位にランクされる。

銀行に関する調査では、次の六つの特性について調査した。①支店の数が多い、②幅広いサービスを提供している、③サービスの質が高い、④資本力がある、⑤ロングアイランド住民に役立つ、⑥ロングアイランド地方の経済に役立つ。①〜④は、消費者が取引銀行を決める際の一般的な要因項目、⑤と⑥は、ロングアイランド地方特有の事情に関わる。

その結果、一般的な要因では、ロングアイランド・トラスト銀行はすべて最下位という、ひどい評価が下った。

①支店の数が多い銀行といえば？

1位 ケミカル……………………………………七・三
2位 ナショナルバンク・オブ・ノースアメリカ……六・七
3位 ユーロピアン・アメリカン……………六・六
4位 チェース・マンハッタン……………六・四
5位 シティバンク…………………………六・一
6位 ロングアイランド・トラスト…………五・四

②幅広いサービスを提供している銀行といえば？

1位 ケミカル……………………………………七・七
2位 シティバンク…………………………七・七
3位 チェース・マンハッタン……………七・六
4位 ナショナルバンク・オブ・ノースアメリカ……七・四
5位 ユーロピアン・アメリカン……………七・三
6位 ロングアイランド・トラスト…………七・〇

③サービスの質が高い銀行といえば？

1位　ケミカル……………………………七・二
2位　シティバンク………………………七・〇
3位　ナショナルバンク・オブ・ノースアメリカ……七・〇
4位　チェース・マンハッタン…………六・九
5位　ユーロピアン・アメリカン………六・八
6位　ロングアイランド・トラスト……六・七

④資本力がある銀行といえば？

1位　ケミカル……………………………八・二
2位　チェース・マンハッタン…………八・二
3位　シティバンク………………………八・一
4位　ナショナルバンク・オブ・ノースアメリカ……七・八
5位　ユーロピアン・アメリカン………七・七
6位　ロングアイランド・トラスト……七・一

しかし、ロングアイランド地方特有の事情に関わる項目になると、評価は逆転していた。いずれも一位だったのである。

⑤ロングアイランド住民に役立つ銀行といえば？

1位　ロングアイランド・トラスト……七・五
2位　ナショナルバンク・オブ・ノースアメリカ……六・六
3位　ユーロピアン・アメリカン……五・二
4位　ケミカル……五・一
5位　チェース・マンハッタン……四・七
6位　シティバンク……四・五

⑥ロングアイランド地方の経済に役立つ銀行といえば？

1位　ロングアイランド・トラスト……七・三
2位　ナショナルバンク・オブ・ノースアメリカ……六・七
3位　ユーロピアン・アメリカン……五・四

4位　ケミカル……………………………五・四
5位　シティバンク………………………五・三
6位　チェース・マンハッタン…………四・九

だがこれは、社名の力を考えれば、驚くにはあたらない結果である。

調査を元に戦略を組み立てる

さて、この調査から導き出せるロングアイランド・トラスト銀行がとるべき戦略は？

従来の手法に従えば、長所は温存しつつ短所を改善するだろう。たとえば、素晴らしいサービスや窓口の対応のよさをアピールする広告を出すというように——。しかし、そうした手法はポジショニングにはそぐわない。ポジショニング理論に従うなら、人々が抱いているイメージを活用すべきだ。

ロングアイランド・トラスト銀行が期待されているのは「地域密着」である。これを活用すれば、大手都市銀行の侵略にも反撃できる。

この観点から生まれた広告第一弾を、次に引用してみよう。

ロングアイランドに暮らしているのに、なぜニューヨーク市内にお金を預けるのでしょうか？

お金は家の近くに預けておくのが賢明です。

都市銀行ではなく、ロングアイランド・トラスト銀行に。そうすれば、地元ロングアイランドのために、そのお金が活かされるのです。

そう、ロングアイランド銀行は、地元の発展を第一に考えています。マンハッタンやクウェートに投資したりはしません。

考えてみてください。ロングアイランド地方の将来をいちばん真剣に考えているのはどの銀行なのかを――。

ニューヨークのみならず世界中に支店を構え、最近ロングアイランドにも支店を開設した銀行でしょうか？　それとも、五〇年以上も地元で営業し、この地方に三三支店を構えるロングアイランド・トラスト銀行でしょうか？

続く広告第二弾では、シティバンクの看板があるビルの前に椰子の木が並んでいる写真を掲載し、次のようにたたみかけた。

大手銀行にとって、ナッソー支店はひとつではありません。ロングアイランドだけでなく、バハマ諸島にもナッソー支店があるのです。大手銀行はこぞってナッソーに支店を出したがります。実際、ナッソー支店から、バハマ諸島とケイマン諸島にある多国籍金融機関に、七五〇億ドルもの資金が融資されています。それが悪いわけではありません。しかしロングアイランドにお住まいの皆さまのためになることではないでしょう。

私たちはロングアイランドに融資をしたい、いえ、私たちにとって融資先はロングアイランド以外にありません。だからこそ、ロングアイランドのナッソー郡に八支店、クイーンズとサフォークに一六支店を構えているのです。

私たちには、半世紀以上にわたるロングアイランドでの実績があります。私たちの融資先の九五％は、ロングアイランドの住民の皆さま、学校、そして企業なのです。

他にも同様のキャンペーンを繰り返した。

「ニューヨークは遊びに行くには楽しいところですが、そこの銀行にお金を預ける意味はあるのでしょうか？」

「都市銀行にとって、『アイランド』といえばマンハッタンしか頭にないのです」（巨大なマンハ

ッタンと小さなロングアイランドが描かれたイラストを添えて）
「不況になったら、都市銀行は支店をたたんでしまうのではないでしょうか？」

目覚ましい結果

そして一五ヶ月後、前回と同じ調査が再び行われた。この結果を見れば、ロングアイランド・トラスト銀行のポジショニングが、全項目で改善されたことは一目瞭然だった。

---

①支店の数が多い銀行といえば？

1位　ロングアイランド・トラスト……七・〇
2位　ナショナルバンク・オブ・ノースアメリカ……六・八
3位　ケミカル……六・六
4位　シティバンク……六・五
5位　チェース・マンハッタン……六・一
6位　ユーロピアン・アメリカン……六・一

この項目では、じつに最下位からトップに浮上している。実際には、ケミカル銀行のほうがロングアイランド銀行より二倍も多いにもかかわらず、である。

②幅広いサービスを提供している銀行といえば？

1位　シティバンク……………………………七・八
2位　ケミカル…………………………………七・八
3位　チェース・マンハッタン………………七・六
4位　ロングアイランド・トラスト…………七・三（最下位から四位に浮上）
5位　ナショナルバンク・オブ・ノースアメリカ……七・三
6位　ユーロピアン・アメリカン……………七・二

③サービスの質が高い銀行といえば？

1位　シティバンク……………………………七・八
2位　ケミカル…………………………………七・六
3位　チェース・マンハッタン………………七・五
4位　ロングアイランド・トラスト…………七・一（最下位から四位に浮上）
5位　ナショナルバンク・オブ・ノースアメリカ……七・一

6位　ユーロピアン・アメリカン……………………………七・〇

④資本力がある銀行といえば？

1位　ロングアイランド・トラスト……………………………七・〇
2位　ケミカル…………………………………………………六・七
3位　シティバンク……………………………………………六・七
4位　ナショナルバンク・オブ・ノースアメリカ…………六・六
5位　チェース・マンハッタン………………………………六・六
6位　ユーロピアン・アメリカン……………………………六・四

資本力でも、ロングアイランドは最下位からトップに上昇した。

調査結果だけでなく、各支店にも変化が表れた。同行の年間報告書には、次のように書かれていた。

「ポジショニングという広く支持されているコンセプトを開発した会社の力を借りて、当行はロングアイランド住民のためのロングアイランドの銀行だという評価をものにした。一連の広告キャンペーンは即効性があり、満足のいく内容であった」

ポジショニングの真髄は、極めてシンプルで当たり前のことである。しかしそれゆえに、多くの人が見過ごしている。

20 ライバルの弱点は「的確に」突け

ユナイテッド・ジャージーは、ニュージャージー州に一一六支店を構える銀行だが、この銀行が置かれている状況は、ロングアイランド・トラスト銀行のそれとは違う。

この世には、万能なポジショニング戦略など存在しない。二行の間には多くの相違点があるが、最も重要な違いは、ユナイテッド・ジャージーが地元最大の銀行ではなく、ファースト・フィデリティ、ミッドランティックに続く三番手だということだ。

有効なポジションを見つける

ユナイテッド・ジャージーとロングアイランド・トラストに共通点があるとすれば、営業環境だろう。どちらもシティバンクやケミカル、マニュファクチャラーズ・ハノーヴァーといった二ユーヨーク市内の大手都市銀行の陰に隠れていた。実際、ユナイテッド・ジャージーは、営業エリアの北部ではこれらの銀行に押され、南部ではフィラデルフィアの大手都市銀行（メロン、ファースト・ペンシルヴァニア）の陰に隠れていた。

さらに同行は、ライバル行とサービスの差がほとんどないという問題も抱えていた。連邦政府と州政府の規制で、そうならざるを得なかったのだ。

こうなると、営業内容をいくら研究してもポジショニングの糸口は見つからない。残る策は、「タイレノール式」しかなかった。タイレノールがアスピリンに対して行ったように、ライバルを研究しつくすのだ。

ユナイテッド・ジャージーは、「マーケティングのジャングル」とでもいうべき大都会のニューヨーク市で営業していたが、銀行業界全体もまたジャングルと化していた。マンハッタンだけで三八九行が営業し、さらにブルックリンやクイーンズ、ブロンクス、スタテン島、ニュージャージー州全体が、多くの銀行の営業エリアだった。

その中でトップを争うのは、シティバンクとチェース・マンハッタン。いずれも言わずと知れた大銀行である。シティバンクなどは、マンハッタンだけで七四もの支店を構え、ユナイテッド・ジャージーの従業員とほぼ同数の副社長を抱えていた。弱点を見つけるのは難しそうだが、私たちは、中小金融機関ではなく、あえて大手都市銀行をライバルに見立ててポジショニング戦略を練ることにした。大半の人々が、銀行といえば大手都市銀行を思い浮かべるからである。

大手銀行であるがゆえの弱点

大手銀行といえども、弱点はある。

まず、大規模であるがゆえにサービスが遅い。かつてレンタカー業界二位のエイビスは、「エイビスのレンタカーをどうぞ。うちのカウンターのほうが行列が短いですよ」という広告を出したが、銀行も客を待たせるべきではない。

そこで、ユナイテッド・ジャージーのために「スピーディな銀行」というポジショニング戦略を考案した。これには二つのポイントがあった。

●ニューヨークの大手都市銀行の唯一の弱点、すなわちサービスの遅さを逆手にとる。

●ユナイテッド・ジャージーの経営陣に対して、広告のスローガンを徹底して実行させる。

具体的には、次の七項目が実行された。

①決定権の分散……決定権を地域レベルに分散した（各地域の営業担当チームは、日々の会議で一〇〇〇万ドルまでの融資案件を承認決定できる）。州内一〇ヶ所の商業中心地では、各営業部長に融資の決定権を持たせた。

②業務全般のトレーニング……行員に対して専門以外の業務全般についてのトレーニングを行った。その結果、顧客からのどんな質問にも、担当者に尋ねることなく即座に答えられるようになった。

③コンピュータ化の促進……州内最大のATMネットワークを設置。顧客企業と銀行のコンピュータを直結し、残高照会など日常的な問い合わせが直接できるようにした。

④スピーディな小切手処理サービス……平日六回、週末四回の小切手処理を行った。ニューアーク支店の小切手処理用金庫には、より迅速に処理ができるように、専用の郵便番号が割り振られた。

⑤FACT端末機の導入……キャッシュレス取引の認証端末を導入したことで、商店主はコンピュータで迅速に確認作業ができるようになった。また、この迅速化によって決済のリスクが減少し、キャッシュフローが改善された。

⑥敏速な対応……他行に先駆けて新商品を導入したり金利を引き下げたりすることで、顧客の財務的なニーズに敏速に対応した。

⑦中心地への進出……本社をプリンストンに移転。州の地理的中心地に本社を置いたことで、顧客企業との距離が車で一時間以内に短縮した。ヘリコプターを使えばさらに短時間で行き来が可能となった。

「スピーディな銀行」をアピールする

銀行の業態が広告で訴えるとおりのレベルに達したところで、さらなる広告戦略を開始した。もちろん、ライバルの弱点にフォーカスした広告である。

テレビCMでは、「のろま銀行」という架空のライバル銀行を舞台にしたシリーズが放映された。その銀行に融資を申しこみに行くといつまでも待たされるというCMや、素早い返答を期待しているのに行員がどこかへ消えてしまうというCM。ある夫婦がローンの申しこみに行くと、行員がスローモーションで動くので驚いてしまうというCMもあった。

これらのユーモラスなCMは、「ユナイテッド・ジャージーは、あなたのお金だけでなく時間も大切にします」というメッセージをしっかりと伝えることに成功した。

印刷媒体への広告も、「スピーディな銀行」というテーマで展開し、「急がば儲かる」「銀行がお客様をお待たせしてはいけません」という二つのストレートなコピーが採用された。

そして銀行の現場では、管理職が「時は金なり」という標語をデスクに置き、デスクのむこうで座って待っている顧客を待たせないように目を光らせた。

成果は？

「スピーディな銀行」戦略は、全面的な成功を収めた。

知名度はたった一年で三倍になり、売上も利益も上昇。売上は三〇〇〇万ドル増、前年比二六％増を達成した。

しかし、成果を示す最も重要なバロメーターは、行員の業務態度の変化だった。「イメージ広告の最大の成果は、行員一人ひとりが『スピーディな銀行』の実現をめざして変化したことです。キャンペーンが始まって以来、行員の態度は一変しました。融資案件の承認も早まりました。みな、ぐずぐずしなくなったのです」と、ある管理職は報告している。

よいポジショニング戦略は、会社全体に行きわたっていく。旗印を掲げ、それに社員が従ってくれれば、勝利は必ず我がものとなる。

21 「オーソリティのお墨付」を利用する

アメリカには、何千というスキー場がある。だが平均的なスキーヤーは、そのうちのほんのわずかしか知らない。だから、スキー場のポジショニングは難しい。

そうした中で、ヴァーモント州ストウのスキー場はよく知られている。たとえば、広告業界誌「アドバタイジング・エイジ」のコラムニスト、ジェームズ・ブラディは、「ストウといえば、私にとっては東部一のスキーリゾートですね。西部のアスペン、フランスのヴァルディゼール、オーストリアのキッツビューヘルと同じですよ」と言っている。

なぜストウにポジショニングが必要なのか?

それほど高い評価なら、ストウにはポジショニングする必要などないと思われるかもしれない。

普通に宣伝をして、イメージづくりはスキーヤーに任せておけばよい、と。

それも間違いではない。スタインウェイのピアノやストウのスキー場の評判をつくりだしたのは、長年にわたる口コミだ。だが、正しいポジショニングをすれば、口コミをさらに強化できる。ポジショニングによって、話題を提供できるのだ。

では、スキーヤーはどんな話題を好むのか？　ジェームズ・ブラディはそれを知り抜いていた。スキーヤーたちは、アスペンやヴァルディゼール、キッツビューヘルといったスキーの名所について蘊蓄《うんちく》を語り合うのが大好きだ。そして彼らの中には、既に一定のイメージが形成されている。

こうした状況を踏まえたうえで、ストウのポジショニングが始まった。

世界のスキー場トップ10

まず、比較広告の信憑性《しんぴょうせい》を高めてくれる外部のエキスパートとして、スキーや旅行に詳しい著名ライター、アビー・ランドに白羽の矢を立てた。

彼は、「ハーパース・バザー」誌上で、世界のスキー場トップ10を選定していた。ストウもランクインしていたが、他は、アスペン（コロラド州）、クルシュヴェル（フランス）、ジャクソンホール（ワイオミング州）、キッツビューヘル（オーストリア）、ポルティロ（チリ）、ザンクトクリストフ（オーストリア）、サンモリッツ（スイス）、サンヴァレー（アイダホ州）、ヴェイル（コロラド州）。なかなかセンスのいいリストである。

ストウのポジショニング広告では、これらのスキー場の写真を並べ、上端の目立つところにストウを置いた。そして「世界トップ10のスキー場のうち、東部にあるのはストウだけです」というコピーに続けて、「アルプスやアンデスはもちろん、ロッキーにさえ行くことなく、一生思い出に残るスキー休暇が過ごせます」とし、「東部のスキーのメッカ、ヴァーモント州ストウへお出かけください」と呼びかけた。

スキーヤーたちは、この新しい広告に反応した。パンフレットの請求が殺到し、史上最多のスキー客が押しかけたのである。

ストウのような有名地なら、客を増やすのも簡単だと思われるかもしれない。だが、ライバルのスキー場には大きな優位点があった。ストラットン、シュガーブッシュ、ビッグブロムリー、マウントスノーといったスキー場は、どこもストウより南に位置していた。つまり、スキーヤーの多くが住むニューヨークから、ストウより車で一、二時間も近いのだ。わざわざ一時間余分に車に乗って出かける価値がある、と思わせるのも広告のねらいだった。

「ストウは、世界トップ10のスキー場のひとつです」、これは古典的なポジショニングのひとつである。イメージの錯綜に対処するために、「消費者はランキングやリストを好む」という特性を利用するのだ。「世界七不思議」は、この戦略の最初の例である。

「トップ10」戦略は汎用性がある。いつでも使える。売りこみたい場所や商品を世界最高ランキングのリストに入れる、これに優る戦略があるだろうか?

商品やサービスにオーソリティからお墨付をもらって信頼性を高めるやり方は、人間の本質を突いている。自己判断だけに頼らなくてもいいという安心感を与えられる。

だが、危険な側面もある。「どっきりカメラ」の考案者アレン・ファントは言う。「もう何度も目にしたことだが、何らかの権威をちょっとでもちらつかせると、人はいとも簡単にだまされる。これにはうんざりするよ」

そして彼はこう続けたのだった。「ある道路に『デラウェア方面は本日閉鎖中』という標識を出したら、バイク乗りは誰も疑わなかった。ただ『ジャージー方面は大丈夫かな』と聞いてきただけだったからね」

22

ポジショニングは教会をも変える

本書はマーケティングに関する本だが、宗教についての本として読んでもらってもかまわない。馬鹿なことを言うなって？　そうでもない。宗教の本質とは、コミュニケーションだ。神から聖職者へ、そして信者へとつながるコミュニケーションがその本質である。

宗教におけるコミュニケーションで問題が起こるとしたら、その原因は完全無欠の神でも不完全な信者でもない。聖職者である。とどのつまり、宗教が信徒に与える影響は、聖職者がいかにコミュニケーションを駆使できるかで決まるのである。

アイデンティティの危機

今から数年前、ポジショニング理論をカトリック教会に適用したことがある。この巨大な組織が抱えるコミュニケーションの問題を、大企業の抱える問題と同様に扱ったのである。

もちろん、ローマ法王や司教から直接要請があったわけではない。第二次バチカン公会議の直後、ある著名な神学者が「アイデンティティの危機」と呼んだ事態が起こり、これを深く憂えた信者グループが、私たちに依頼してきたのだった。

カトリック教会内部のコミュニケーションがかなり無計画であることは、すぐに明らかになった。状況を改善しようと、さまざまな対策が打たれてはいたが、どれも強い求心力や一貫性に欠けていた。情報社会にあって、これは非常に深刻な問題だ。

教会は、あたかもGMのようだった。全社的な企業広告戦略を持たず、宣伝は末端のディーラーに任せてしまっていた。中にはよい宣伝もあるが、大半はひどい代物だ。

問題のほとんどは、第二次バチカン公会議に端を発していた。

「バチカンの窓を開く」というこの改革運動が始まるまでは、信者の頭の中における教会のポジションははっきりしていた。多くの人々にとって教会とは、「法を導く教師」だった。規則と報酬、罰則が重視され、年配者に対しても若者に対しても一貫した指導を行っていた。

ところが、第二次バチカン公会議の結果、規則や規制の多くが不必要であるとして切り捨てられ、カトリック教会は法と秩序の指導者というポジションから離れてしまった。典礼や儀式の改変が日常茶飯事になった。厳正さよりも柔軟性が重視されたのである。

不幸なことに、こうした重大な変更が行われている間、ローマ法王庁には宣伝担当者がいなかった。事態を把握し、新しい方向性をわかりやすい言葉で説明するプロデューサーがいなかったのだ。しかし考えてみれば、「全社的」コミュニケーションなど必要のない時代が何年も続いていたのだから、カトリック教会がことの重大さに気づかなかったのも無理はない。

影響力の低下

中でも最も痛かったのは、新しい教会について明確なイメージがなかったことだ。「もはや教会が法の教師でないのなら、いったい何なのでしょう?」という疑問が信者の間に静かに広がっていたが、明確な答えは一度も提示されていなかった。信者の頭の中にある教会のポジションを仕切り直す取り組みがなされなかったのだ。そもそも、聖職者にはそんな発想もなかった。

そしてついに、史上初の事態に陥った。毎週ミサに行く信者の数が、全カトリック教徒の半数を下まわったのである。プロテスタント教会の出席率がじつに安定しているのに比して、二〇%もの低下だった。

神父や尼僧、修道士の数も一〇年前に比べて二〇%減っていた。さらに、聖職を目指す人は六〇%も減っていた。

だが、統計の結果で最重要だったのは、かつてプロテスタントの神学者、ピーター・バーガーが指摘した「カトリック教会は現在、倫理的権威という意味でアメリカ社会最大の共同体である」という認識が揺らいできたという点だった。「USニューズ＆レポート」が、有力エグゼクティブ二万四〇〇〇人に対して大組織の影響力調査を行ったところ、カトリック教会も他の宗教組織も最下位だったのである。

倫理的権威としてのカトリック教会のイメージが、うまく伝わっていないのは明らかだった。

教会の役割とは？

「現代におけるカトリック教会の役割とは？」

これは、聖職者も司教も信者も抱く疑問だが、一貫した答えが返ってきたためしがない。簡単に答えられる問題ではないという指摘もある。単純な問題として片づけられないという声もあるが、要するに関係者の多くが万人ウケの罠にはまっているのだ。

企業のエグゼクティブなら、こうした質問に対しては必ず何らかの答えを用意しているものだ。たとえばGMのトップ役員なら、世界最大の自動車メーカーとして、自社の役割を明確に答えられるだろう。「白い服をより白く」とか「クレストは虫歯との戦いに全力を尽くしています」など、企業は自社商品の本質を示す言葉を見出し、それを消費者に伝えるために何百万ドルという費用を投じている。

これと同様にカトリック教会も、先の質問にシンプルでわかりやすい言葉で答える必要がある。またその答えを、斬新で劇的な方法で大衆に伝えるべきである。

企業のアイデンティティを訴える広告戦略では、まずその企業の基本ビジネスを掘り下げて確認することが多い。古い事業計画やこれまでの広告を総ざらいするのだ。カトリック教会の場合も、二〇〇〇年にわたる歴史をさかのぼる必要があった。企業が年間報告書を読み返すように、聖書を読み返したのである。そこから、カトリック教会の役割を表現するシンプルかつ直接的な言葉を探した。

その作業の結果、聖書の中の二つの有名な言葉がクローズアップされた。

マタイ福音書によれば、キリストは在世中に、神は人に、神の子、神に愛されし者の言葉を聞くように命じられた（マタイ福音書一七章二三節）。

それから昇天後、キリストは弟子たちに、「私から聞いた言葉をすべての国の民に伝えよ」と命じた（マタイ福音書二八章一九節）。

キリストの御言葉を教える者

聖書を読めば、キリストが教会の役割を「キリストの御言葉《みことば》を教える者」ととらえていたことは明らかだ。

キリストは「神の子」であるから、彼の言葉は地上のすべての者に伝えられるべきである、とされている。キリストの言葉は、当時の人々だけでなく、現代に生きる人々のためのものでもある。その言葉には普遍性があり、決して古びない。イエス・キリストは、シンプルで深い言葉の中に、すべての人々の思考と行動の糧をこめたのだ。だから、今日キリストの言葉を伝えようとする者は、古いメッセージを自らの地域性や時代に合わせて今の方法で伝えるべきであり、それができなければならない。

キリストの時代にまでさかのぼることで、私たちは教会の役割を定義することができた。すなわち、「カトリック教会は、キリストの言葉を新しい世代の頭の中によみがえらせ、彼らの問題に関連づけてやる必要がある」。言い換えれば、第二次バチカン公会議の結果、カトリック教会は前進ではなく後退を余儀なくされ、「法の教師」から「キリストの御言葉の教師」となることを求められるようになったのだ。

複雑な問題に対して、こんなに単純でわかりきった解決法でいいのか、というむきもあるだろう。確かに単純だ。だが、ポジショニング戦略とは、わかりきったことを探し出すことである。わかりきったことは、何よりも伝わりやすい。しかし、わかりきったコンセプトは残念ながら最も目にとまりにくく、評価されにくい。

人間の心は複雑なものをありがたがり、わかりきったことを単純すぎるとして退ける傾向がある。だから、カトリック教会の聖職者たちも、高名な神学者アヴェリー・ダレスによる教会の役割の定義のほうを高く評価していた。ダレスの定義とは「教会には、ひとつではなく六つの役割がある」という複雑なものだった。

ポジショニングの実践

わかりきったコンセプトが抽出できたところで、私たちはその実践法という課題に移った。第一に取り組むべきは、説教の訓練だった。「キリストの御言葉の教師」という役割を果たすには、説教の技を磨き、内容を改善する必要があった（今日、説教の巧みさでは、日曜の午前中にテレビミサを行う説教師たちの右に出る者はいない）。

また、これに加えて『はじまりへの回帰』という映画製作も提案された。大規模なコミュニケーション戦略を展開する際には、人々の関心をひくドラマが必要だ。映画という媒体が喚起する感情は、この種の戦略にとって理想的である。新商品を発売するとき、テレビが強力なツールになるのと同じである。

他にも、カトリック教会が「キリストの御言葉の教師」という役割を自分のものにできるよう、さまざまなプランが提案された。

ここで大切なのは、いったんポジショニング戦略が動きだしたら、組織全体が団結するということである。カトリック教会のように多面的な組織も例外ではない。

しかし、カトリック教会の上層部に、これらを実践するよう説得するのは困難を極めた。司教たちにとって、世俗信徒が教会の運営に口を出すのは決して面白いことではない。加えて彼らは、提案された解決法は、どれもあまりにもわかりきったことで受け入れるに値しないと判断した。シンプルなものは、複雑なものほど魅力的ではないのである。

とはいえ、これほどの問題が自然消滅することはあり得ない。ご存じのように、ローマ法王は第二次バチカン公会議の結果を評価するために、新たな公会議を準備している。バチカンの新聞「オゼルヴァトーレ・ロマノ」によれば、その公会議の目的は、「二〇年前の第二次バチカン公会議がもたらした混乱の解決」だという。

カトリック教会は、ついに混乱という問題自体を認めるのだろうか？　「アイデンティティの危機」を解決し、現代社会におけるカトリック教会のポジションを取り直すための戦略を立てるのだろうか？　その戦略は、カトリック教会内部のリベラル派と保守派の間に広がりつつある断絶を埋めることができるのだろうか？

見守りつづけるしかない。

23 自分のキャリアアップに応用できること

ポジショニングは、商品の販売促進だけでなく、自分自身を売りこむのにも使える。この章では、ポジショニングを自分のキャリアに役立てる方法を考えてみよう。

自分のウリを絞りこむ

自分のウリは何か？　そう考えるとき、人間も商品と同じ過ちを犯す。万人ウケをねらってしまうのだ。人の頭は、ある商品をひとつのコンセプトに結びつけさせるのさえ困難なのに、複数のコンセプトを結びつけることなどまず不可能だ。

ポジショニング戦略の最も難しい点は、売りこみたいコンセプトをひとつに絞りきるところにある。消費者の無関心の壁を突き崩したいなら、何が何でもひとつに絞りきらねばならない。自分自身のポジショニングでも同じである。

しかしたいていの人は、ひとつに絞りきるだけの強さを持ち合わせていない。迷う。そして結局は、他人任せにしてしまう。

「私はダラス一の弁護士です」

本当に？ ダラスの法曹界で調査をしたら、この人の名前がどれくらい出てくるか？ 「私はダラス一の弁護士です」とポジショニングするには、それなりの才能と運、それから大きな戦略が必要だ。

「自分ポジショニング」の第一ステップは、長期的なポジション確立につながるコンセプトを絞りこむこと。簡単なことではない。だが、見返りは大きい。

失敗を恐れるな

やってみる価値のあることは、失敗する価値もある。やってみる価値のないことなら、最初から手を出すべきではない。

また、やってみる価値のあることでも、完璧にできるようになるまで待っていたり、ぐずぐずしていると、実行の機会を永遠に失ってしまう。失敗を恐れて確実なことしかしないより、何度も挑戦して幾度か成功するほうが、世間の評価は高まるものだ。

世の人々は、一三四回挑戦して九六盗塁に成功した、成功率七〇％のタイ・カップは覚えているが、五三回挑戦して五一盗塁に成功した、成功率九六％のマックス・ケアリーは忘れている。

史上最高の騎手といわれるエディ・アーカロは、最初の一勝をあげるまで二五〇戦も負けつづけた。

よい名前を使え

レオナード・スライという名前を覚えている人はまずいまい。ロイ・ロジャースへの改名は、彼にとって映画スターへの重要な第一歩になった。

マリオン・モリソンという名前は覚えているだろうか？　マッチョなカウボーイ役にはどうにも女々しい名前だ。そこで彼は、ジョン・ウェインに改名した。

ではアイシュア・ダニエロヴィッチは？　彼はまずイサドア・デムスキーに改名し、それからカーク・ダグラスと名乗った。

「スミスという名字に生まれれば、その時点で無名に終わる運命にある」とオリバー・ウェンデル・ホームズ・ジュニアは言っている。

詐欺行為を働くつもりでないかぎり、改名は法律で認められている。マクドナルドに改名してハンバーガーショップを開いたりしなければ、改名していいのだ。

イニシャルは避けよ

仕事場でもプライベートでも、「イニシャル病」にかかるビジネス人は少なくない。経営トップの役員たちがJ・S・スミスとかR・H・ジョーンズというイニシャルを使うのを見て、若いエグゼクティブたちも真似をし、メモやレターにイニシャルを書く。

しかしこれは間違っている。イニシャルは、誰もが知っている人物だけが使えるものである。出世の途上にある人が上層部に名前を覚えてもらいたいなら、イニシャルは使わないこと。

ためしに一度、紙に自分の名前を書き、じっくり眺めてほしい。

たとえば、ロジャー・P・ディンケラッカーなら、経営陣にどんな印象を与えるだろうか？「うちは大企業で他にもロジャー・ディンケラッカーがいるかもしれないから、区別するためにPはつけておいてくれよ」と言うだろうか？　そんなことは、まずあり得ない。

ジョン・スミスやメアリー・ジョーンズといったありふれた名前なら、区別するためにミドルネームのイニシャルを使う必要もあるだろう。しかし、その場合には思い切って改名し、新しい名前を使うほうがよい。

混乱は、ポジショニング戦略の成功をはばむ敵である。他人にとって、ジョン・T・スミスとジョン・S・スミスは、紛らわしいだけだ。だから、すぐに忘れてしまう。これがイニシャルの怖いところだ。

「ジュニア」も使うな

もしあなたに三人の娘がいたら、メアリー1、メアリー2、メアリー3と名づけたり、メアリー、マリアン、マリリンと名づけたりするだろうか？　もしそんなことをしたら、生涯にわたる混乱の元になる。

息子の名前に「ジュニア」をつけるのも、本人のためにはならない。息子には彼だけのアイデンティティを与えるべきである。

ショービジネスに生きるなら、ことはもっとシビアになる。大衆の頭の中にはっきりとしたアイデンティティを焼きつけねばならない。この種の人々は、どんなに有名でも、親の名は使うべきではない。

ライザ・ミネリは、母ジュディ・ガーランドをしのぐスターだが、もしライザ・ガーランドという名前でデビューしていたら、こうはいかなかっただろう。

フランク・シナトラ・ジュニアという名前は、ライン拡大の名前の中でも最悪だ。スタートから二重苦を背負ってしまっているからだ。人々はまず「父親ほどにはうまくないだろう」と決めてかかり、次に「やっぱり父親より下手だ」で片づけてしまう。人間は、自分の期待どおりのことしか聞き入れないのだ。

勝ち馬に乗れ

大志を抱いた頭脳明晰な人でさえ、将来に不安を覚えることがある。そんなとき、彼らはどうするか？

多くの人が、前より必死で働く。長時間、重労働をこなして挽回しようとする。彼らは、成功の秘訣は必死で働いて他人より成果を上げることであり、そうすれば富と名声が手に入ると思っているらしい。

しかしそれは間違いだ。前より必死で働いても、成功への道にはならない。本当の秘訣は、前より「賢く」働くことだ。

懸命に働けばうまくいく、という素朴な考えに基づいて行動している人は多い。だから必死で働きながら、誰かが魔法の杖で夢をかなえてくれる日を待っている。だが、そんな日はまずやってこない。

富と名声への道は、自分の中からは見つからない。これが真実だ。成功する唯一確実な方法、それは勝ち馬に乗ることである。

プライドが許さないかもしれないが、自分の能力よりも、他人があなたのために何をしてくれるかが、人生の成功を左右するのである。「祖国のために自分は何ができるだろうか」と演説したケネディは間違っていた。「会社のために自分は何ができるだろうか」などと問うてはならない。「会社は自分のために何をしてくれるのか」を問うのだ。

キャリアの途上に訪れるチャンスを最大限に活かしたいなら、目を皿のようにして、自分のためになる「勝ち馬」を探すことである。

第一の馬は「会社」である

あなたの会社はどこに向かっているのだろうか？　ぶしつけに言えば、そもそも向かうべき目標を持っている会社だろうか？

見通しが甘く、失敗するに決まっている環境にはまりこんでいる人は多い。しかし、失敗はあなたに第二のチャンスを与えてくれるだけまだましだ。始末に負えないのは、成長するチャンスが平均以下しかない会社である。

あなたがどんなに優秀でも、負け犬と群れていたら成功できない。タイタニック号が沈没したとき、高級船員は下級船員と同じ救命ボートに乗るはめになった。

自分ひとりの力ではどうにもならないことがある。もし自分の会社に未来がないとわかったら、新しい会社を探すことだ。ＩＢＭやゼロックスが無理でも、一定の水準以上の会社は見つかるはずだ。

会社選びのコツは、成長産業に賭けること。コンピュータやエレクトロニクス、光学、コミュニケーションなど、明日を切り拓く産業に自分を賭けることをお勧めする。今はどの分野でも、ハードよりもソフト産業のほうが急成長している。

過去に一時代を築いた商品を手がけた経験がある企業は、まったく斬新な商品に潜むチャンスを見逃すことがあるから注意が必要だ。サービス分野では、とくにその傾向が強い。

そしてもうひとつ。転職するときは、今日もらえる給料を聞くだけで終わらないこと。将来どれだけの給料をくれるのか、その見込みも忘れずに聞いておくように。

第二の馬は「上司」である

会社について考えたのと同じことは、上司についても当てはめて考えるべきである。

この上司は出世できるだろうか？　答えがノーなら、出世するのは誰か？　最も賢明で、頭脳明晰で、出世する見込みのある人物を見つけて、その人物と一緒に働くべきだ。

成功者の伝記を読むと、単純労働を皮切りに、大企業の会長やCEOにいたるまで、じつに多くの成功者が、誰かの後ろについて成功へのはしごをはい上がっていったことがわかる。

中には、無能な人のために働くのが好きな人もいる。おそらく、しおれかけた花のそばにいれば自分が引き立つとでも思うのだろう。だが、忘れてはいけない。経営者は、仕事ぶりが気に入らなければ、関係者を十把ひとからげに放り出すものである。

仮に、タイプの異なる二人の人物が就職活動をしているとしよう。

一人は自分の専門性に強いプライドを持ち、「御社には私が必要です。御社の弱いところは私の得意分野です」と言う。

もう一人は、正反対のことを言う。「御社の強い分野は私の得意分野と重なります。素晴らしい業績を上げておられる御社で、私も最善を尽くして働きたいと思います」

さて、どちらが採用されるだろうか？　普通は後者だと思うだろう。だが、経営上層部は前者を買う。エキスパートになりたがる人物、重要な肩書きとそれに見合う給料をねらう人物を選ぶのだ。

思想家ラルフ・ワルド・エマーソンは、「君の馬車を星につなげ」と言った。理想は高く持て。当時も今も変わらぬ正しいアドバイスである。

もし上司が出世すれば、あなたの出世チャンスも大きくなるだろう。

第三の馬は「友人」である

たいていの人は、プライベートではたくさんの友人がいても、仕事上の友人は少ない。プライベートの友人は一緒にいて楽しいが、よい職を探すときにはあまり役立たない。

キャリア上の大チャンスは、仕事上の友人の引き立てによることが多い。社外に仕事上の友人を増やせば増やすほど、やりがいがあって報酬もよい仕事につける可能性は高くなる。

といっても、ただ友人になるだけではだめで、友情という名の馬はときどき外に連れ出して、運動させてやる必要がある。そうしないと、肝心なときに乗れないからだ。

一〇年も音信不通だった古いビジネス上の友人が、突然「ランチでもしないか」と電話をかけてきたら、あなたにランチをおごらせたいか、職探し中であるかのどちらかだ。自分が職探しをするときは、こんなお粗末な戦略をとることなかれ。友情という名の馬を走らせたいなら、仕事上の友人とは定期的に連絡をとることだ。

相手が興味のありそうな記事の切り抜きや資料を送ってあげる。昇進したらお祝いの手紙を出す。その人について書かれている記事を送ってあげるのもいいアイディアだ。本人は、そうした記事を案外見過ごしていることが多い。喜ばれるにちがいない。

第四の馬は「アイディア」である

フランスの文豪ヴィクトル・ユーゴーは、息を引きとる前日に、「たとえ世界中の軍隊をもってしても、時を得たアイディアを止めることはできない」と日記に記した。

アイディアは、何よりも早く人をトップに引き上げる。それ自体は誰もがわかっていることだ。しかし、そのアイディアを大げさに考えすぎる人がいる。彼らは、みなに「すごい！」と思われるようなアイディアばかりを追い求めているが、そんなアイディアなどまず存在しない。

また、全員に受け入れられるのを待っている人もいるが、それでは遅すぎる。誰かに先取りされておしまいだ。数年前の流行語である「イン」と「アウト」を使って言えば、誰もが「イン」と認めるようなアイディアは既に「アウト」になっているのだ。

「アイディア」という名の馬に乗るためには、馬鹿にされたり反対されたりするのを覚悟しなければならない。流れに逆らう気概が必要だ。たたかれるのを恐れていては、新しいアイディアやコンセプトは出せない。罵詈雑言《ばりぞうごん》をじっと耐え、時が訪れるのを待つことだ。

心理学者のチャールズ・オズグッドも書いている。「強硬かつ執拗な反対を受けるのは、新しい法則が本物である証拠である。どの分野でも、専門家たちは、明らかにナンセンスで簡単に論駁《ろんばく》できるような法則は無視する。だが、論駁が難しく、なおかつ自分たちの名誉のよりどころとなってきた根本的前提に疑問を投げかけるような法則については、必死にあら探しをせざるを得ない」

対立を恐れてはいけない。チャーチルの名誉は、ヒトラーがいたからこそ高まった。その証拠に、ヒトラー敗北直後の選挙で、英国国民はチャーチルを首相の座から引きずり下ろした。

第五の馬は「信念」である

ずっと失敗続きだったある男の物語を知れば、自分という殻から一歩踏み出して外の世界で運をつかむことの大切さがわかるだろう。

男の名はレイ・クロック。既にかなりの年配で、周囲に馬鹿にされる敗北者だった。だが、ある兄弟に出会って運命が変わった。

この兄弟は、アイディアは持っていたが信念がなかった。だから、かなり破格の安値で彼にアイディアと名前を売った。

その結果、レイ・クロックは、資産数億ドルと言われるほどの大富豪の仲間入りをした。

件の兄弟とは、マクドナルド兄弟である。マクドナルドのハンバーガーを食べるときには、一人の男の先見の明と勇気、そして粘り強さを思い出してほしい。このハンバーガーチェーンを大成功させたのは、マクドナルド兄弟ではなく、ハンバーガービジネスとは無関係だった男、レイ・クロックである。

第六の馬は「自分自身」である

もう一頭、馬がいる。意地が悪く、気むずかしくて気まぐれ、それでも人はこの馬に乗ろうとする。そしてたいてい失敗する。

その馬とは、自分自身だ。ビジネスでも人生でも、自分の力だけを頼りに成功することは可能である。だがそれは容易ではない。

人生と同じく、ビジネスも社会的活動である。競争もあるが、協力も必要だ。たとえば、物ひとつ売るにも、一人きりでは商売できない。買い手があってこそである。

思い出してほしい。最多勝騎手になるのは、最軽量、最優秀、あるいは最強の騎手ではない。レースに勝つのはたいてい、最高の馬に乗った騎手である。

乗るべき馬を見つけたら、その価値をすべて引き出すまで乗りこなすのだ。

24

戦略開始前に「六つの自問」を

ポジショニングを実践するには、何から手を着けたらよいか？　私たちはつい、問題を見つめ直すことなく解決法探しにかかってしまいがちだ。だが、結論を急がず、自分のビジネスが置かれている状況を順序立ててとらえ直すほうがずっと大事である。

その作業を進めるにあたって、以下の六点を自問してみるといい。そうすれば、なにがしかのアイディアが浮かんでくるはずだ。どれも一見単純な質問だが、あなどるなかれ、回答は難しい。頭の中の奥底にある問題を見つめ直し、自分の勇気や信念を問いただすことになるだろう。

問①自社の現在のポジションは？

ポジショニングとは、逆転の発想だ。企業の側からでなく、消費者の側から考えねばならない。

自社がどんな企業か、ではなく、消費者の頭の中で自社がどんなポジションを築いているかを自問してみてほしい。

情報社会では、消費者の頭の中を変えるのは極めて困難だ。既にあるイメージを土台にしてことを進めるほうがずっと簡単である。

消費者の頭の中を正しく把握するには、企業のエゴに邪魔されないようにすることが大事だ。「我が社はどんなポジションを築いているのか」に対する答えを求めるべき相手は、マーケティング担当者ではなく、市場の消費者である。多少の費用をかけてでもリサーチすべきだろう。今のうちにどんなライバルが存在しているかを正確に把握しておくことも重要だ。どうにも手の打ちようがなくなってから知るよりずっと役に立つ。

狭い視野ではいけない。細部ではなく、全体を見よ。

サベナの問題は、サベナ航空だけでなく、ベルギーという国全体の問題だった。

セブンアップの問題は、レモン・ライム飲料に対する消費者の認識だけでなく、消費者の頭の中を占有しているコーラの圧倒的シェアだった。「炭酸飲料が飲みたいな」という場合、たいていの人はコカ・コーラかペプシを思い浮かべている。部分ではなく全体を見ることで、セブンアップは「コーラではありません」という広告戦略を発案し実施できた。

現在でも多くの商品が、このキャンペーンを実施する前のセブンアップの状況に陥っている。

消費者の頭の中のポジションが弱い、あるいは存在していないのだ。

あなたがなすべきことは、自社の商品やサービスやコンセプトを、既に消費者の頭の中に存在しているものに関連づける方法を探すことである。

問②どんなポジションを築きたいのか？

長期的視点から、最高のポジションを手に入れる方法を考えてほしい。ここでは、「手に入れる」という言葉がカギになる。世の中には、既に誰かのものになっていて手に入りようのないポジションをものにしようとする戦略が多すぎる。

フォードは、エドセルのポジショニングに失敗した。人々の頭の中の「クロムメッキの中級車」というポジションには、既に別の車があり、エドセルが入りこむ余地などなかったからだ。

これに対して、風邪薬「ナイキル」を発売したリチャードソン・メリルは、賢明にも直接対決を避けた。代わりに、先行する「コンタック」と「ドリスタン」がいずれも昼用風邪薬だったことから、「夜用風邪薬」というポジションを先取りした。その結果、ナイキルは同社近年の新商品中最大のヒットになった。

私たちはときに欲張って、消費者の頭の中に確立しようもないほどの大きなポジションを求めてしまう。だが大きすぎるポジションは、たとえ確立できたとしても、ナイキルのようなフォーカスを絞った商品が登場すると守りきれなくなる。言うまでもなく、これこそ万人ウケの罠である。

その顕著な例が、ビール会社のラインゴールドだ。同社は「ニューヨークの労働者層に好まれるビール」というポジションをねらった。この層にビール愛好者が多いことを考えれば悪くない着眼点だ。だが、イタリア系、アフリカ系、アイルランド系、ユダヤ系など、さまざまな人がラインゴールドを飲むCMは、誰にも見向きもされなかった。理由は単純だ。人は偏見を持つからだ。他のエスニック系がラインゴールドを飲みたがるなら、自分たちは飲まないという意識が働いたのだ。

キャリアの途上でも、よく同じ間違いを犯す。万人にウケる万能の人間をめざしたところで、結局は誰にも認めてもらえない。それよりも、自分の専門にフォーカスを絞るべきである。何でも屋のジェネラリストではなく、スペシャリストとして独自のポジションを確立するのだ。今日の就職市場は、自分を何らかのスペシャリストとしてポジショニングできる人のためにある。

問③ライバルは誰か?

市場のリーダーに真っ向から挑戦するようなポジショニング戦略は失敗する。障害は、乗り越えるのではなく迂回すること。いったん後退し、まだ誰も手にしていないポジションをつかみとるのだ。

自分の置かれている状況は、ライバルの視点からもじっくり時間をかけて検討せねばならない。

消費者は、自動車、ビール、コンピュータをただ買うのではない。「選びとって」いるのだ。自社ブランドの長所や短所より、重視すべきはポジショニングである。有効なポジションを築くためには、他社のブランドやその市場全体のポジションを切り崩し、仕切り直す。たとえば、タイレノールがアスピリンに対して行ったように。

ライバルと真っ向から対決して負けたらどうなるか？　ブリストルマイヤーズは「ニュープリン」の発売に三五〇〇万ドルを、アメリカンホームプロダクツは「アドヴィル」の発売に四〇〇〇万ドルを投じた。どちらも、アメリカ初のイブプロフェン成分による鎮痛剤だったが、市場トップのタイレノールは崩せず、わずかなシェアで終わっている。

マーケティング戦略において、ライバルとの直接対決は問題を招くだけである。

問④資金は十分か？

ポジショニング戦略が失敗する大きな原因のひとつが、不可能を可能にしようとする無益な試みにある。消費者の頭の中のシェアを獲得するには金がかかる。ポジションを確立するにも金がかかる。確立したポジションを維持するのにも金がかかる。

平均的な消費者は、年間二〇万件の広告を目にしている。スーパーボウルの三〇秒CMには五〇万ドルの制作費がかかっているが、これも二〇万件のひとつでしかない。クライアントは非常に不利な賭けに出ている。

P&Gの成功の秘訣はここにある。同社は、新商品を導入するとなると、テーブルの上に五〇〇〇万ドルをドンと置き、「で、おたくの賭け金は？」とライバルを見渡す。騒音レベルを上まわる広告を出す資金がなければ、あなたの商品はP&Gの戦略の陰にかすんでしまう。

資金が限られているのなら、地理的範囲を絞るのもひとつの方法だ。全国的、あるいは国際的に新商品やアイディアを売り出すのではなく、市場ごとに地域を絞って売り出すのだ。

数都市に少ない資金を振り分けるより、一都市に集中したほうが効果的である。ある地域で成功すれば、その広告を他の地域にも展開すればいい。もちろん、最初に広告を打つ地域を正しく選択する必要はある。その結果、もしも「ニューヨークでナンバー1のスコッチ」というポジションを獲得できれば（NYは米国内で最もスコッチの消費量が多い地域だ）、そのスコッチを全米にも拡大できる。

問⑤同じことを続けられるか？

情報社会は絶え間ない変化のるつぼである。新しいアイディアが現れては消えていく。そうした変化に対応するには、長期的視野を持つことが不可欠だ。すなわち、基本的ポジションを確立したら、それを守り抜くのである。

ポジショニングとは、累積的なコンセプトである。長期的に広告しつづけてこそ効果が出る。何年間も同じことにこだわりつづけなければ意味がない。成功している企業は、勝ちパターンを変えない。夕陽の中にカウボーイたちが消えていくマルボロの広告は、何年も変わっていない。虫歯と戦うクレストは、今や二世代にわたって愛用されている。変化が激しくなっているからこそ、以前より戦略的に考えなければならないのだ。

ごくわずかな例外を除き、企業は基本的ポジションを変えるべきではない。変えてもいいのは、長期的な戦略実践のための短期的戦術だけだ。その場合の成功の秘訣は、「基本戦略の改善」にある。劇的な印象を与えるための新方法を考案し、飽きられないようにするのだ。たとえば、ロナルド・マクドナルドにハンバーガーを食べさせてしまうようなやり方である。

消費者の頭の中にポジションを築くことは、価値の高い土地を手に入れるのに似ている。一度手放してしまったら、二度と取り戻せない。

問⑥自社にふさわしい広告をつくっているか？

クリエイターと呼ばれる人たちは、しばしばポジショニング思考に反感を持つ。自分たちの創造性《クリエイティビティ》が制限されると思うからだ。

じつはそのとおりだ。ポジショニングは創造性を制限する。

ある組織が入念にプランニングし、表やグラフを準備しても、クリエイターたちは、それらすべての戦略をくつがえす。彼らの手にかかると、戦略は巧みに解体され、すっかり目に見えなくなってしまう。これこそ、コミュニケーション不全の大いなる悲劇である。

何千ドルもかけて彼らに広告をつくらせるくらいなら、戦略をフリップチャートにしたものをそのまま広告にしたほうがいい。「エイビスはレンタカー界のナンバー2です。だからこそ、一層の努力を重ねています」、このキャンペーンは広告らしくない。まるでマーケティング戦略のプレゼンテーションのようだ。そう、広告であり、プレゼンテーションなのである。

あなたの会社の広告は、商品のポジションとマッチしているだろうか？　人は、あなたの服装を見て、あなたが銀行家か、弁護士か、芸術家かを判別できるだろうか？　もしかして、自分のポジションを危うくするような、クリエイティブな服を着ていないだろうか？

クリエイティビティ自体には何の価値もない。それは、ポジショニング戦略の目的に沿って使われて初めて役立つものになる。

広告会社の役割

ポジショニング戦略は自前でやるべきか、それとも誰かを雇って行うべきか？　雇う場合は、たいてい広告会社に発注することになる。

広告会社だって？　マディソン・アヴェニューの広告屋の力なんて必要なのか？　必要だ。ただし、広告会社を雇えるのは金持ちだけだ。金がなければ自前でやるしかない。広告会社だけが身につけている貴重なノウハウを学ぶのだ。

広告会社のノウハウとは、無知、言い換えれば客観性である。広告会社は、社内事情を知らない。だからこそ、社外の状況をより鋭く見抜ける。社外の状況とは、消費者の頭の中である。広告会社は外側から内側に向かって思考する。これに対して社内の人間は、内から外へ向かって思考しがちである。

反対に、広告会社から得られないものもある。それは「魔法の杖」である。経営者の中にも、広告会社が魔法の杖をひと振りすれば、消費者がすぐさま殺到して商品を買ってくれると思いこんでいる人がいる。

その魔法の杖の正体は、クリエイティビティ。生半可な広告屋がありがたがる代物である。大衆は広告会社が「創造的」だと思っている。また、優れた広告会社にはクリエイティビティという物質が満ちあふれており、これを惜しげもなく使って広告の問題を解決していると信じこんでいる。

広告業界には、クリエイティビティで大活躍した広告会社の伝説がある。その会社は、どんなつまらない商品でも黄金のように価値あるものに見せることができたという。今日でも、広告会社はつまらない商品でも黄金に変えてくれると思っている人がいる。だがそんなことはありえない。それができるくらいなら、広告業などやめて、つまらない商品をつくってはせっせと売るビジネスに鞍替えしているはずだ。

今や、クリエイティビティは死語である。広告業界は、クリエイティビティではなくポジショニングで戦う時代を迎えている。

25

まとめ

ポジショニングで勝利する一二の決め手

ポジショニングとは何か？　そして、ポジショニングで勝利するには何が必要なのか？　これまで述べてきたことを、この最終章で整理しておこう。

①言葉の役割を理解すること

ポジショニングで勝負するのが苦手な人がいる。言葉にこだわりすぎる人々だ。彼らは言葉に意味があると思いこんでいるが、それは間違いだ。辞書の定義に左右されてはならない。

一般意味論の学者たちが何十年も主張しているように、言葉そのものには意味がない。言葉を使う人間が意味を創出しているのである。

誰かが砂糖を入れなければ、砂糖つぼは空っぽのままだ。それと同じで、誰かが意味をこめて使わなければ、言葉に意味はない。また、穴の開いた砂糖つぼにいくら砂糖を入れてもどうにもならないのと同じように、内容がもれていくような言葉に意味をこめても無駄である。もれやすい言葉は捨て、新しい言葉を探したほうがいい。

中型高級車というコンセプトに、「フォルクスワーゲン」という言葉はそぐわない。だから、合わない容れ物は捨てて、「アウディ」という言葉を準備した。フォルクスワーゲンが低迷する一方、アウディはアメリカ市場でブームを迎え、現在ではBMWを抜き、ベンツに迫る勢いだ。

「フォルクスワーゲンが製造しているのだからフォルクスワーゲンと名づけなければ」などという融通のきかない発想は、ポジショニング戦略の障害になる。柔軟な発想で、歴史の教科書や辞書には反するような言葉の選び方、使い方をすることだ。

既に浸透した言葉にこだわってはいけない。そうではなくて、自分がこれから確立したい意味を引き出せるような言葉を選ぶのだ。

②言葉を有効活用すること

言葉は、人の頭の中に埋もれている意味を引き出すきっかけとなる。

このことを理解していれば、商品名を変えたり、自動車に「マスタング（野生馬）」などという情緒的な名前をつけたりしないはずだ。

人というのは、たいていどこかしら「おかしい」ものだ。完全にまともなわけでも、完全におかしいわけでもない。その中間にいる。

一般意味論を確立したアルフレッド・コージブスキーによれば、精神に異常をきたした人は、自分の頭の中の妄想に現実世界を合わせようとするという。自分はナポレオンだと思いこみ、その認識に従って世界が動くと考えるようなものである。これに対して正常な人は、常に現実世界を分析し、自分の頭で考えたことを事実にすり合わせていく。

しかし、多くの人にとって常に事実に即して意見をすり合わせるのは、じつに面倒だ。自分の見解に事実を合わせていくほうが、ずっと楽なのである。少なくない人々が、まず自分の考えをまとめあげ、それから自分の意見を証明するために事実を集めようとする。手近なエキスパートの意見だけを受け入れ、あとの事実はすべて退けてしまうこともよくある。

これであなたも、正しい名前をつけることがいかに重要かがわかっただろう。人の頭脳は、名前に現実世界を合わせるのだ。マスタングなどというネーミングは、速そうに聞こえるぶん、タートル（亀）という名の車よりはましな程度である。

言葉は、人の頭の中でやりとりされる通貨である。概念的な思考をするために、人は言葉を操作する。だから言葉の選び方によっては、思考プロセスそのものを左右できる。人は言葉で考えるのであって、抽象的な思想で考えるわけではない。そのことは、言葉の学習過程をみればわかる。外国語、たとえばフランス語を流暢《りゅうちょう》に話すためには、フランス語で考えられるようにならなければならない。

しかし限界もある。あまりにも現実からかけはなれた言葉は、人の心が受けつけない。製造メーカー以外は誰もが「小さい」と思っている歯磨き粉を「特大」と呼んだり、誰もが「特大」と呼んでいる歯磨き粉を「お徳用」と言ったりしても無駄である。

③変化に慎重になること

世の中の変化が激しくなるほど、変わらないものの価値は上がる。だが、現代人は変化という幻想にとりつかれている。日々、地球の回転速度が上がっているようにさえ思えるほどだ。

昔なら、ヒット商品が市場から消え去るまで五〇年ほどの寿命があったが、今ではそれよりずっと短い。年単位ではなく、月単位で測ったほうがよい商品もある。新商品、新サービス、新市場、新メディアが次々と誕生し、成長し、忘却の彼方に消えていく。そしてまた新しいサイクルが始まる。

かつては、大衆向けに情報を発信するなら大衆雑誌と相場は決まっていた。だが今や全国ネットテレビの時代である。やがてケーブルテレビの時代になるだろう。すべてが変化しつつある。

人生の万華鏡は変化の速度を速めている。新しいパターンが生まれては消えていく。企業も、その多くが変化を身上としている。しかし、変化すれば変化に対応できるのか？　真実は正反対である。

あたりを見まわせば、遅れをとるなとばかりに拙速に着手して失敗したプロジェクトの残骸だらけである。シンガーは家電ブームに乗ろうとした。ＲＣＡはコンピュータブームに乗ろうとした。ゼネラルフーズはファストフードチェーンブームに乗ろうとした。また、何百という企業がイニシャルブームに乗って、ＣＩ（コーポレート・アイデンティティ）を変更した。

その間、自分たちが最も得意とする事業を続けた企業はさらに基盤を固め、大きな成功を収めた。たとえば、信頼性の高い機器を販売しつづけたメイタグ、ファンタジーの世界を販売しつづけたディズニー、訪問販売を続けたエイボンである。

④ビジョンを持つこと

変化とは、時という大海における「波」である。波は短期的に動揺と混乱を引き起こすが、長期的には波の下にある「潮流」のほうがずっと重要である。変化に対応するためには、長期的な視野が必要だ。自社の基本ビジネスを定め、そこから離れないことだ。

大企業の方向転換は、飛行機の方向転換に似ている。方向を変えるには何マイルも必要なうえに、もし間違った方向に曲がってしまったら、元に戻るのにかなりの時間がかかる。

ポジショニングで成功するには、来月、来年、あるいは五年後、一〇年後に自分の会社がなすべきことを定めねばならない。目先の波に合わせてハンドルを切るのではなく、正しい方向に船首を向けつづけるのだ。

そのためにはビジョンが必要だ。あまりにも狭い範囲の技術をよりどころにポジションを築いても成果は出ない。また、時代遅れになるような商品でも、問題がある社名でも成功しない。

あなたはまず、うまくいくものとうまくいかないものの違いを見極めなければならない。ただし、これは難しい。上げ潮のときは何もかもうまくいくように思えるが、下げ潮になると何をやっても失敗するように思えてくる。

進むべき道を正しく見極めたいなら、一般的な経済動向と自分のビジネスを切り離して考える習慣を身につけることだ。マーケティングのエキスパートの中には、ただ幸運に恵まれただけの人も多い。用心しよう。今日マーケティングの天才としてもてはやされている人物が、明日は生活保護を受ける身になっているかもしれない。

忍耐強く。今日正しい決断を下した人に、明日、太陽が輝くのである。

正しい方向を見定めてポジションを築いた企業は、変化の潮流にうまく乗り、チャンスをものにするようになる。あなたにそのチャンスが訪れたときには、素早く行動を起こすことを忘れないように。

⑤勇気を持つこと

リーディング・カンパニーの歴史を振り返ると、その共通点はマーケティングのスキルでも製品改革でもなく、「ライバルがポジションを固める前にチャンスをつかんでいる」ことだとわかる。リーダーの多くは、まだ情勢が流動的なうちから、マーケティングに資金を投入している。

たとえばハーシーは、チョコレート業界で磐石のポジションを築いていた一時期、広告の必要などまったくないと考えた。マーズのような後続のライバルには許されない贅沢だった。だが、いざハーシーが広告を再開したとき、すべては手遅れになっていた。現在では、ハーシーのミルクチョコレートバーは一位どころかトップ5にも入っていない。

運やタイミングだけに頼っていては、市場リーダーというポジションは獲得できない。ライバルが静観しているうちに資金を投入できる勇気を持つことだ。

⑥客観性を持つこと

ポジショニングの時代に成功を収めるには、まっさらな目が必要だ。決断のプロセスでは、あらゆるエゴを捨て去ること。エゴは問題を混乱させるだけだ。

ポジショニングで最も重要なことのひとつは、商品を客観的に評価し、顧客や消費者の目で商品を見ることである。

バックボードがなければバスケットボールができないのと同じように、あなたにも自分のアイディアを跳ね返してくれる人物が不可欠だ。何かアイディアを思いつき、これで問題が解決できると思ったそのとき、あなたは客観性を失っている。そういうとき、練り上げたそのアイディアをまっさらな目で見てくれる他人の存在がものをいう。

卓球と同じく、ポジショニングも二人で行うスポーツだ。本書の著者が二人なのも偶然ではない。ギブ&テイクの環境があって初めて、アイディアは洗練され、完成される。

⑦シンプルなアイディアを持つこと

本当に役立つのは、わかりきったアイディアだけである。情報社会では、わかりきったアイディア以外は通用しないと言ってもいい。

しかし、わかりきったアイディアほど、じつは目につきにくい。GMのボスと呼ばれたケタリングは、デイトンの研究所の壁に、「解決されてしまえば、どんな問題もシンプルだ」という言葉を掲げていた。

「カリフォルニアのレーズンは、自然界のキャンディ」

「しっとりして肉の味がするゲインズバーガー。缶詰でない缶詰ドッグフード」
「バブルヤム《おいしいガム》は、バブルガムのナンバーヤム」

今の時代は、こういうシンプルでわかりやすいアイディアがヒットを生む。「シンプルなコンセプトをシンプルな言葉で」である。どんな問題も、真の解決法はあまりにもシンプルなため、何千人もの人が見過ごしてしまう。しかし本当は、頭がよさそうで複雑なアイディアこそ疑ってかかるべきなのだ。そういうアイディアは、おそらくうまくいかない。

科学の歴史は、ケタリングのように複雑な問題に対してシンプルな解決法を見つけ出した人々の歴史である。

ある広告会社の社長はＡＥ（アカウント・エグゼクティブ）に、レイアウトの裏にマーケティング戦略を貼りつけておくように指示した。そうすれば、クライアントに質問されたとき即座に戦略を読めるからだが、広告は本来、それ自体が戦略だといえるくらいシンプルであるべきものだ。この広告会社は方向を誤っている。

⑧巧妙であること

ポジショニング戦略のビギナーは、しばしば「なんて簡単なんだ！　自分のポジションを見つけて、それを自分のものだと言い張ればいいだけなんて」と思ってしまう。

確かに、ポジショニング戦略はシンプルだ。だが、簡単ではない。有効で、なおかつ誰にも奪われていないポジションを見つけるのは難しい。

政界でも、極右や極左のポジションなら確立するのは簡単だ。両方とも間違いなく手中にできるだろう。だが、それでは選挙には勝てまい。勝つためには、左右の中心近くにポジショニングせねばならない。ねらうべきは、やや保守よりのリベラルか、ややリベラルよりの保守だ。これには相当の自制と巧妙さが要求される。

同様に、ビジネスや人生で大成功を収めている人も、全体の真ん中あたりにポジションを見出している。極端な位置ではない。

ときおり、ポジショニングには成功しても売上につながらないことがある。その原因はたぶん、「ロールスロイス型思考」に陥っているからだ。

最近、「我が社は、この業界のロールスロイスですから」という企業が少なくない。だが、ロールスロイスが毎年アメリカ国内でどれほど売れているか知っているのだろうか。約一〇〇〇台、自動車市場の〇・〇一%である。これに対して、同じ高級車のキャデラックは三〇万台以上売れている。

キャデラックもロールスロイスも高級車ではあるが、その差は激しい。たいていの人にとって、一台一〇万ドル以上もするロールスロイスは、とても手が届かない。だがキャデラックは、それほどまでには縁遠くない。同じく、ビールのミケロブも「手の届く」高級品である。

利益を生むポジションを確立するには、「独自のポジションだが、あまりにも対象を絞りすぎない」というバランスが求められるのだ。

⑨すすんで犠牲を払うこと

ポジショニング戦略の要諦は、犠牲を払うことにある。独自のポジション確立のためには、何かをあきらめねばならない。夜用風邪薬のナイキルは、昼用風邪薬の市場をあきらめた。

だが多くのマーケティング戦略が、正反対をめざしている。ライン拡大、サイズ展開、フレーバー展開、販売経路の複数化などを通じて、市場拡大をねらうのである。これらはどれも、短期的な売上増は実現しても、長期的には衰退を招く。

ポジショニング戦略では、「小さいことはいいことだ」である場合が多い。ターゲットを小さくしてそれを独占するほうが、大市場をライバル三、四社と分け合うよりもいい。

万人ウケをねらいながら強力なポジションを維持することはできないのだ。

⑩忍耐力を持つこと

新商品を全米で一斉発売できるような余裕のある企業は数少ない。

もしかしたら、そのブランドが成功しやすい地域を探し求め、そこから他の市場に拡大していくほうが現実的かもしれない。一市場で成功すれば、そこから他に広げていける。東から西へ、あるいは西から東へ。

ユーザーの幅を拡大する方法もある。フィリップモリスは、マルボロをまず大学生の中でナンバー1のタバコにし、そこから全米ナンバー1へと拡大していった。

年齢層を拡大する方法もある。ある年齢層でブランドを確立した後に、それを他の年齢層にも拡大していくのである。ペプシコーラは、「ペプシジェネレーション」という広告で若年層のブランドイメージを確立し、その後、彼らの成長とともに年齢層を広げていった。

販売経路を拡大する方法もある。ヘアケア商品のウェラは、まず美容院で商品を販売し、ブランドが確立されてから、ドラッグストアやスーパーに販路を拡大した。

⑪世界的視野を持つこと

世界規模で考えることの大切さを見過ごしてはいけない。アメリカ人だけに目を向けていると、フランス人、ドイツ人、日本人の存在を忘れてしまう。

グローバル化の中、マーケティングは急速に世界規模の勝負になっている。ある国でポジションを築いた企業は、他の国でもそのポジションを活かそうと考えるようになった。ＩＢＭは現在、ドイツのコンピュータ市場で約六〇%のシェアを持つ。驚くにはあたらない。同社は、今や利益の半分以上を海外で稼いでいるのだから。

企業が世界展開する場合、しばしば問題になるのが社名である。たとえばUSラバーは、多種多様なラバー（ゴム）製品を販売する世界的企業であるが、社名をユニロイヤルに変更することで、世界に通用する新たなCIを創出した。

⑫直接対決は避けること

マーケティングの天才、などという評価は無用だ。そんなものは、むしろ致命的な欠点になりかねない。業界トップになったメーカーが、それをマーケティングのおかげだと思いこむケースが非常に多いが、とんでもない間違いだ。結果として、こうした企業は、同じマーケティング手法を使えば他のサービスや市場でもうまくいくと考えてしまいがちだ。

ゼロックスがコンピュータ市場に進出して大失敗したケースを思い出してほしい。マーケティングの達人IBMも、同じ間違いを犯した。同社のコピー機はゼロックスの市場を崩せていない。失敗である。

ポジショニングの法則は、あらゆる種類の商品にあてはまる。

たとえばブリストルマイヤーズは、歯磨き粉の「クレスト」に対抗すべく「ファクト」を発売したが、マーケティングに五〇〇万ドルを投じたあげく撤退した。また、鎮痛剤では「アルカセルツァー」の後追いで「リゾルブ」を発売したが、一一〇〇万ドルをかけたあげく撤退した。さらに、「バイエル」に対抗して「ディゾルブ」という鎮痛剤も出したが、これもまた財務上の頭痛の種になっている。

ポジションを確立しているライバルに正面攻撃をしかける企業の自滅行為は、理解に苦しむとしか言いようがない。人間は何事にも希望を持つ存在だ。だが、後追い商品が正面攻撃をしかければ、一〇中八、九は大失敗に終わる。

もう一度繰り返す。既に強力なポジションを確立したライバルに正面攻撃を挑んでも、消費者の頭の中をめぐる戦争には勝てない。迂回してもいい。潜行してもいい。直接対決だけは絶対に避けるべきだ。

市場のリーダーは、消費者の頭の中にナンバー1という盤石なポジションを築いている。商品のはしごの最上段を手に入れている。あなたがこのはしごを上るつもりなら、ポジショニングの法則に従うしかない。

情報社会での勝敗は、ポジショニングにかかっている。

生き残れるのは、ポジショニングに優れた者だけなのだ。

訳者あとがき

アメリカには「マーケティング・グル」と呼ばれるカリスマ的マーケティング・コンサルタントがいますが、本書の著書、アル・ライズとジャック・トラウトもそうした人です。

二人には多数の著作があり、日本にも多くのファンがいますが、その原点が一九六九年～七〇年代に発表した「ポジショニング」という画期的コンセプトであり、それをまとめた本書です。発表当時、マーケティング界には衝撃が走り、「現代マーケティングの革命」と評されたようですが、もっと驚くべきことは、数十年を経た今も、その威力が衰えていないということです。

「七〇年代のマーケティング理論が今さら通用するのか」と思われる方もいるかもしれませんが、ポジショニングとは、もともと情報社会を制する法則として生まれたコンセプトであり、広告やマーケティングがインターネットという新メディアに拡大しつつある現在、これまで以上に重要性を増している面も大いにあるようです。

実際、欧米の広告・マーケティング業界関係者の間では、今でもマーケティングの基礎を学ぶ必読書とされています。

しかし、日本では、一九八七年に電通の出版事業部から邦訳が出版されて以降「ブランディングの教科書」として読み継がれてきたものの、ここ数年は入手困難となっていました。広告やブランディングの現場のみならず、さまざまなビジネス戦略において、「ポジショニング」という言葉は頻繁に使われますが、それが何なのかを正しく理解する機会は減っていたのです。この現状を克服するために、今回、二〇〇一年に刊行された原書の最新版を元に新版をお届けするにいたったというわけです。

ポジショニングとは何か。ひとことで言えば「商品ではなく、消費者の側から発想せよ」という、いたってシンプルなものです。たいていの人は、売り方を考えるときに商品そのものを研究してセールスポイントを探そうとしますが、活路はそこにはない、というわけです。

本書には、ポジショニングの詳しい定義、特徴、そして戦略の立て方と実践法が網羅されています。

マーケティング戦略の古典というと、とかくグローバルな大企業とその関係者だけが対象のように思われがちですが、本書の中で著者は、あらゆる人々にこの戦略の有効性を説いています。

広告予算が少ない中小企業でも、国内市場しか持たない企業でも、さらには企業以外の組織でも、ポジショニングによって大成功を収めることが可能であることを示す実例も豊富に登場します。消費者の心をつかむ名前のつけ方や売り出し方、広告展開法といった具体的テクニックは、すべての起業家およびその予備軍にも役立つアイディアにあふれています。

さらに23章では、誰にとっても究極の〝商品〟である「自分自身」のポジショニング法が詳述されています。会社の中でキャリアアップをめざす人も、就職・転職活動中の人も、ビジネスで成功するために不可欠なものの見方や考え方を学べます。

このように汎用性が高い点も、世界中で本書が長く支持されている理由のひとつだと思います。

企業にせよ、商品にせよ、自分自身にせよ、「正しくポジショニングすれば成功できる」――、そのことは、本書と著者が、初版から三〇年近く経った今もビジネス界の最前線で活躍している事実が証明しているのではないでしょうか。

二〇〇八年三月

川上純子

この度はお買上げ
誠に有り難うございます。
本書に関するご感想を
メールでお寄せください。
お待ちしております。

info@umitotsuki.co.jp

ポジショニング戦略《せんりゃく》[新版《しんぱん》]

2008年4月14日　初版第1刷発行
2014年10月2日　第16刷発行

著者　アル・ライズ
ジャック・トラウト
訳者　川上純子《かわかみじゅんこ》
装幀　川島 進（スタジオ・ギブ）
印刷　萩原印刷株式会社
用紙　中庄株式会社
発行所　有限会社海と月社
〒180-0003
東京都武蔵野市吉祥寺南町2-25-14-105
電話0422-26-9031　FAX0422-26-9032
http://www.umitotsuki.co.jp

ISBN978-4-903212-07-4